冨山恵二 著

斎藤喜博の芸術的教育

世阿弥とシュタイナーと喜博

一莖書房

はじめに

今、わが国の教師に期待されることは、「教師の専門的力量」、なかんずく「確かな教育理念の形成」ではなかろうか。斎藤喜博は、学校現場にあり、日頃の教育実践を通して教育の本質を芸術性に求め続けていった。彼はどのように芸術的教育観を形成し、授業展開を高めようとしていったのであろうか。混迷する教育の現状のなかで、斎藤喜博の教育理念の形成と実践化について紐解くことは、何らかの教育指針の獲得となり得るであろう。

斎藤喜博は昭和五年に群馬県師範学校を卒業し、当時、群馬県下でも極めて教育活動の盛んな玉村尋常高等小学校に赴任した。この学校は、宮川静一郎という校長を中心に奈良女子高等師範学校附属小学校の「合科教育」の考えを取り入れ、「未分科教育」という玉小教育を実践していた。宮川校長の人間の力と実践力とによって、この学校は生き生きとした創造的な実践で満ちていたのである。斎藤喜博はこの学校に赴任し、二年生の学級担任をすることになり、師範時代とは全く異なる教育環境のなかに入っていった。

この自由な、のびのびとした雰囲気のなかで、斎藤喜博は受け持った二年生の子どもたちとよく遊び、そんななかから斎藤喜博独特の子ども観ができあがったのである。つまり、子どもを「自然詩人」と見る子ども観である。「すべての子どもは生まれながらの詩人である。われわれも心にこの詩人的要素がなくては、子どもと共に真に溶和することはできない」というのである。斎藤喜博の教育における芸術性は、まず、このような子ども観のなかで育まれたのであろう。

その後の教師生活で、さらに斎藤喜博が芸術的側面に大きく一歩踏み込むこととなったのは、「アララギ」という短歌の結社に入り、土屋文明という人生の師と出会ったことである。「土屋先生は、私にとっては単に短歌の先生だけでなく、人間の生き方と言いますか……土屋先生という人間全体から、自分の方向をなにか学んでいった……」と言っている。「事実に即する」というリアリズムの考え方を学び、事実を基にして考えるということを教育活動のなかに持ち込んだのである。

教育活動においては、事実から離れた思考や追求は抽象的・観念的になり、「創造」とか「発見」とは、ほど遠いものになってしまうと言い、「授業とか行事とかが、芸術と同じ境地になったとき、そのなかで、芸術的な新しい人間の創造が、全人格的に行われる。」と言い、「事実に即する」ことを前提条件とし創造とか発見を目指す「芸術的教育」をしていった。このように、斎藤喜博は芸術的教育の根底に土屋文明のリアリズムの考え方から導かれる「事実に即する」ということを据えたのである。

昭和二十七年から斎藤喜博は、群馬県教組を退き島小の校長として赴任することになる。島小に赴任するに当たり斎藤喜博は、「私は、教師としてそれまで言ったり書いたり、ねがったりしたことを、ここで実証しようと思った」と、「芸術的教育」を実践していく決意をしている。最初に取り組んだのは、「抑圧からの解放――自由精神」である。その上で斎藤喜博は、「芸術的な授業」に取り組んでいった。

第一章では、武田常夫氏の五年国語「けんび鏡とともに」の授業を取り上げ、芸術的側面からの考察を試みた。創造的な授業のなかで、先生と子どもとが共に「追求していく姿」とか「新しい次元に変革していく姿」が、見事に現されている。

斎藤喜博は、島小での十一年間の教育実践に基づき『授業入門』や『授業』に、芸術的な授業、創造的な授業を進めていく上での心構えを記している。『授業入門』には一般的な事柄が述べられており、『授業』にはかなり具体的な方法論的な内容の記述が見られる。それらを整理し第一章のまとめとした。

第二章では、斎藤喜博の追求した芸術論の特徴を、上野省策編『斎藤喜博と美術教育』の解説、ハイデッガーの『芸術作品のはじまり』の論文から考察した。

さらに第三章においては、斎藤喜博自身が行った授業『わたしの授業』からいくつかの実践事例を取り上げ、具体的に「芸術的授業」がどのように展開されているかを見ていった。斎藤喜博は学校現場を離れてからも全国の小・中・高等学校で授業を行っている。ここでは、この『わたしの授業』のなかから、国語と体育と音楽の授業のいくつかの事例を取り上げ、第一章でまとめた斎藤喜博の「芸術的教育」の視点から分析し、具体的に芸術的授業の展開の特徴を考察してみた。

第四章においては、斎藤喜博がこれまでに「芸術的授業」を実践していくときに大事にしたことを取り上げ、それらの持つ芸術論的な意味についての考察を一層深めていった。斎藤喜博は「芸術的授業」を実践していく上で大事にしたことは、「みえるということ」、「自由であるということ」、「イメージをもつということ」、「リズムがあるということ」というようなことであった。これらは芸術論的にはどんな意味を持つのであろうか。世阿弥の「時節感当」や「離見の見」の考え方、シュタイナーの「自由への教育」や「魂のなかの感情の育成」の考え方と比較して、「斎藤喜博の芸術的教育」の持つ教育的意義について一層広い視点から見直してみた。

目次

第一章

斎藤喜博の芸術的教育観の形成

斎藤喜博が最初に、「芸術」という言葉を使ったのは、昭和十六年に書かれた『教室愛』のなかである。芭蕉の歩んだ姿を引き合いに出しながら、

〈われわれ教育者は教育界の芭蕉として、教育の道すなわち人生の道を、真剣に謙虚にしんぼう強くあゆみつづけ、高い精神をこの道によって獲得すればよい。この道を奥深く分け入ることによって、大きな深いものを持った人間ができあがることを実証すればよい。そして自己の教育実践を高め、かつは世間的な信頼とか尊敬とか地位とかを、教育者全体の実力によって自然に獲得すればよい。真実にこの道を歩むものにとっては、たしかに教育の道も一つの宗教であり芸術である。(1)〉

と言っている。斎藤喜博は、昭和五年に群馬県師範学校を卒業して玉村尋常高等小学校（自分の生まれた芝根村の隣町の小学校）に赴任し、そこでの教育実践を通してこれらの教育思想は培われたと言っている。(2)この学校での教育実践に基づいて斎藤喜博は、『ゆずの花』や『教室記』を書いている。昭和十八年に書かれた『教室記』のなかでも、斎藤喜博は、「授業は一つの芸術であり宗教である。(3)」と言っている。その後、いくつかの小学校や中学校での教育実践、群馬県教組の執行委員、大学の教官を歴任し、真の教育実践のあり方を追求し、研究発表会や数多くの教育書を出版し、自分の求めてきた教育を世に問

〈桑の実の熟すころになると、毎日桑畑へはいって行って桑の実を食べた。秋になると椋の木の下へ行って、るりいろの椋の実をひろって食べた。天高くそびえている大きな椋の木の上には、百羽以上もの椋鳥の大群がきて鳴き騒ぎながら椋の実を食べていた。そしてつやつやとふくらんだ椋の実を下へ落した。子どもたちはそれを拾って食べながら、椋鳥のほうに向かって、「椋鳥々々むくおとせ、むくがなければ金おとせ」などと歌うようにいっていたのだった。（中略）そういうものを追い求めて、毎日走り回っていたのだった。そしてそういうなかで自然というものから学ぶこともしていたのだった。(7)〉

と、斎藤喜博は後に『少年のころの記憶』のなかで回想している。自然のなかで遊びさまざまのことを体験することが、斎藤喜博の子ども観の形成に大きく影響を与えていると考えられるのである。

もう一つ斎藤喜博が芸術にずっと関心を持ち続けていたことは、祖父の存在もある。「霞城」という号を持ち、絵をかいたり著述をしたりしていた人であった。斎藤喜博は、『少年のころの記憶』のなかで「私はこの霞城の影響を私なりに心に受けて育った(8)」と述懐している。

第二節　短歌づくりのなかで

斎藤喜博の教育思想形成に大きな影響を与えたのは、アララギ短歌会で土屋文明を師と仰ぎ短歌づくりをしていったことである。斎藤喜博は、短歌づくりを始めた初期のころから、土屋文明との交流を深め、アララギの短歌の精神を学び取り、教育活動のなかに生かしていっている。そのなかの一つは、「事実に即する」ということであり、これは、斎藤喜博の「芸術的教育」の基盤をなすものである。

一、「事実に即する」ということ

斎藤喜博は、昭和二十七年に島小に校長として赴任した。斎藤喜博は、「私は、教師としてそれまで言ったり書いたり、ねがったりしたことを、ここで実証しようと思った。」(9)と言っているように、島小での十一年間の教育実践は彼の教育の集大成とも言えるものであった。島小での教育実践をまとめた『授業』の「授業での創造と発見」のなかで、

〈授業ではいつでも、徹底的に事実に即して物を考えさせることが必要になる。そういう態度を教師が持って、子どもにも、いつでも事実をもとにして考えるという態度や

方法を教えることが必要である。それは、事実から離れるということは、思考や追求が、抽象的・観念的になり、創造とか発見とかとはおよそ遠いものになってしまうからである。教材から離れないで、事実をもとにしていくということは、そういう意味がある。事実をもとにしていくことによってだけ、創造とか発見とかもつくり出していくことができるからである。[10]〉

と、創造とか発見には「事実に即する」ことが、絶対条件であることを強調している。

さらに斎藤喜博は、『授業入門』のなかで、

〈授業とか行事とかが、芸術と同じ境地になったとき、そのなかで、芸術的な新しい人間の創造が、全人格的に行なわれるからである。それは、「芸術教育」というより「芸術的教育」といった方がよいものかもしれない。[11]〉

と言っている。

つまり斎藤喜博は、創造とか発見を目指す「芸術的教育」には、「事実に即する」ことが前提条件として必要なことであるというのである。ここに、斎藤喜博の芸術的教育観の本質があるのである。

さて、この「事実に即する」という考え方を斎藤喜博は、どのように形成したのであろうか。それは、斎藤喜博の別の側面を考察しなければならない。それは歌人としての斎藤喜博である。

斎藤喜博と短歌との関係は、群馬県師範学校の五年のときに「勉強だけを強要する学校に反発して幼稚な短歌をつくったり詩をつくったりしていた。[12]」とあるように、師範学校のときから始めている。本格的に短歌に取り組むようになったのは、玉村小学校に赴任して三年目の昭和七年からで、「アララギ」に入会している。そして昭和八年には、土屋文明に書を寄せて、直接、指導を請うている。そして昭和十年にはじめて土屋文明に会っている。その後はずっと土屋文明との交流を続けていった。そんななかで、芝生田稔、佐藤佐太郎、斎藤茂吉、近藤芳美等々の歌人とも出会っている。昭和二十年には、土屋文明が戦災で「川戸」に疎開してくるが、そのころは、益々、土屋文明との交流は深まっていき、次の二十一年には、群馬アララギ会の地方誌「ケノクニ」の発行責任者になっている。ただ、斎藤喜博が土屋文明に師事し短歌づくりにのめり込んでいったのは、決して自分の教育実践改善のためにというような、目的意識を持って取り組んだわけではなかった。結果的にこの短歌づくりを通して土屋文明から多くを学び、自分自身も成長し、教育実践に役立ったのである。

慕っていたことは、「禾秀に続き秋津の名も賜びぬ」と、土屋文明に自分の二男と二女の名付け親になってもらっていることからも明らかである。そして、昭和四十年の短歌に「事実だけが尊いことも豊かなるものを持つこともいよいよ知りぬ[17]」と詠んでいるように、「私が先生から学びとったことは、リアリズムであり、具体的にものによって考え、実践するということでした。[18]」すなわち、「事実に即する」ことの大事さをつかんでいるのである。斎藤喜博が「事実に即する」「具体に即する」ことを詠んだ短歌には、歌集『職場』以後」のなかにも次のようなものがある。[19]

實践がないから形式主義になりそんなに不遜に卑屈になるのだぞ君
事實だけが尊いことも豊かなるものを持つこともいよいよ知りぬ
具体につけ具体につけと念じ来てやうやくに私に一つの確信
実践者の思想は行動にあるのだと言ふのも実践よりの一つの確信
一般論のみいふ怠け者を今日もみる事実の前には古さ残して
事実だけをわれは信ずる人の心かへる事実をわれは信ずる

これらの短歌には、土屋文明に師事し、アララギ派の真の精神を追い求めていった斎藤喜博の考え方が如実に表現されている。

さらに、斎藤喜博はこのアララギ短歌会のなかで、近藤芳美や斎藤茂吉の作品を批判し、「事実に即する」ことこそ、真の短歌芸術があると主張している。斎藤茂吉の『赤光』(20)の歌五首を取り上げ、芸術主義であると、次のような批判をしたのである。

折に触れて　　斎藤茂吉

① すりおろすわさびおろしゆしみいでて垂る青みづの悲しかりけり
② 長鳴《ながな》くはかの犬族《けんぞく》のなが鳴くは遠街《をんがい》にして火かもおこれる
③ さ夜ふけと夜の更けにける暗黒《あんこく》にびょうびょうと犬は鳴くにあらずや（五ノ七・六頁）
④ 伽羅《きやら》ぼくに伽羅の実こもりくろき猫細りてあゆむ夏のいぶきに（「うたくづ」録二首）
⑤ ひむがしのみやこの市路ひとつのみ朝草ぐるまゆけるさびしも　（五ノ七・一六頁）

この五首は、何か自分でも定かでないような、心の中に鬱積しているものを短歌の世界に歌い上げているので、若わかしい感覚感動の豊かさを感じる。短歌の世界にこういうものがはいってきたということは、当時にあっては驚異であったろう。濃厚で、どこか異国情緒を持っていて（小出楢重の絵に似たところがある）古いものと新しいものとの入りまじったものを持っていた当時の青年の気持がにじみ出しており、十分に革命を遂行することのできなかった日本の短い青春期の、明治大正時代の小市民インテリゲンチャの感動を持っている。しかし同時に、そこにこの作品の限界もあり、月日とともにこの作品が古くなっている原因もある。（中略）……

短歌の持つ音楽的韻律も大事だ。その時代の生活雰囲気をゆたかに持つことも大事だ。しかしそれだけでは人の心を打つ高い作品は生まれない。そういう点から、茂吉のこの五首は、芸術主義であって、人間的生き方の新鮮さにかけている。芸術は人間の生き方の表現であるから、僕らは芸術家風をなげすてて、芸術的な言葉づかいなどはやめ、市井のありふれた人間になりきって、その中に真実を求めて歩むという、理知と情熱とをかねそなえた新しい芸術家をつくらなければならないと思う。この五首はいずれも芸術的であり、芸術的な言葉によって、何か得体の知れない気持を歌おうとしているが、今の僕らはこういう言葉づかいはやめて、芸術的な言葉でないものを使ったものが最後に残るということを、この五首から学ぶべきだろう。僕はこの五首の中に、晩年になって、大君をたたえるような歌をつくった、ああいう茂吉がすでにあるように思う。

（「アララギ」昭和二八・一二）

このことについて、柴生田稔からの反駁があり、さらにその柴生田稔の意見に対しても斎藤喜博は、斎藤茂吉の五首について「趣味的であり、芸術としておとる」と反論しているのである。そして、伊藤左千夫の「牛飼が歌よむ時に世のなかの新しき歌大いにおこる」や、子規の「病みふせるわが枕辺に運び来る鉢の牡丹の花ゆれやまず」を引き合いに出し、趣味的でない現実の中の真実に着目すべきと主張をくり返している。斎藤喜博の「事実に即する」真の芸術観は、こんなアララギのリアリズムの考え方を基盤としているのである。

二、短歌芸術——自己変革と創造

斎藤喜博が短歌づくりをしていったなかで、その後の教育実践に大きく影響をしていったものの二つ目は、短歌芸術の考え方である。斎藤喜博は生涯三千余首の短歌をつくり歌集『羊歯』（昭和十年～二十一年）、『證』（昭和二十二年～二十七年）、『職場』（昭和二十八年～三十五年）、『「職場」以後』（昭和三十六年～四十五年）にまとめている。歌論集として『表現と人生』がある。なかでも『表現と人生』と『證』は、斎藤喜博の人生観、思想、教育観を理解する上で極めて重要な意味合いを持っている。『表現と人生』の大方は昭和二十三年から昭和三十年に書かれたものであり、昭和二十二年から昭和二十七年までの歌集『證』と並行している。『表現と人生』のあとがきの部分に斎藤喜博は、次のように書いている。

歌は、何か非常の場合にはこの上もない生活の簡明な表現として、取り上げられる機会をまだ失っていないようだ。（中略）とにかく私は短歌がオケイコゴトや社交的歌集出版や、歌碑建立からはなれて、どんな層でもよいから生活に直結してゆくことを念願する。生活があればそれだけでも広く訴える力を持つことになろう。〉

と、「広い意味でのリアリズム」の考え方を重視し続けたのである。

この土屋文明の考え方は、斎藤喜博に大きく影響を与えることになり、短歌観、芸術観、教育観、人生観を形成していったのである。「『アララギ』のリアリズム、土屋先生の『事実につく』というやり方、それに先生の歌『ただまことあることを君信ぜよ残る齢をわれも励まん』というのがありますが、ああいう先生の考え方や生き方が私のなかに強烈にはいってきていた」(25)と勝田守一氏との対談でも語っている。

斎藤喜博は、土屋文明の言うこの「広い意味でのリアリズム」、つまり「真実に迫る」とか「まことの追求」に短歌に対する芸術性を感じとっているのである。前述したように、斎藤喜博が斎藤茂吉の『赤光』の五首を「趣味的で芸術主義である」と批判したことに対して柴生田稔からの反駁があったが、さらにそのことについて斎藤喜博は、「何といっても趣味的」と言い、「自分の内面的真実を切実に歌いあげ、その真実が広く深く現代の真実にふれて万人に訴えるような、そうした方向へ短歌の世界を動かさなければならないと思っている。」[26]と、真の短歌芸術のあり方を指摘しているのである。このように、斎藤喜博の短歌芸術の考え方は、土屋文明の「広い意味でのリアリズム」「生活即短歌」の考え方を基盤として、短歌の芸術性を一層追求して、「自己変革」や「創造」の側面の考察にまで深めていった。

以下に、『表現と人生』のなかで斎藤喜博が「短歌」「芸術」「自己変革」「創造」について述べていることをいくつか取り上げてみる。

私は芸術というものを、いやに複雑に、深刻に考えることに反対だ。芸術は、そんなめんどうな深遠な難解な近づきがたいものではない。芸術というものを、何か特別なもの、ありがたいものとする考えが今でも一般にあり、またそう考えさせようとする力もあるのであるが、もうそういう迷信は打破しなければならない。芸術にいちばん大事なことは、思想や感情の生き生きした緊張であり、律動である。自分の感じたことを、現代の世の中に生きて動いている人間の真実を、ためらわずに（それには今は相当の勇気がいる）単純率直に表現しているかどうかである。[27]

芸術は、その人の生き方につながっているのであり、その人の生き方の表現されたものが芸術である。[28]

芸術にはきめられたルールとか枠とかはない。芸術は枠のなかで作るのではなく、きめられた枠とか概念とかをつき破るものである。この芸術の精神は、自己を変革し社会を変革しようとする精神と同じである。だから自己変革、社会変革の精神のない人間には真の芸術はできない。[29]

人間は誰でも、解放され、自由になり明るくなったとき、頭がよくなり創造的になる。[30]

芸術というものは、自分の考えを、どんなときでも、どんな場合でも、臆せずに表現することである。[31]

文学は、いついかなるときでも、革新の精神、抵抗の精神から生まれるものである。新しい文学は、いつでも現在あるものへの不満、反抗、抵抗の精神から生まれるものである。これはわれわれの身近な、子規においても、また左千夫に対した赤彦、茂吉、文明等においても、みなそうだったのである。[32]

短歌をなぐさみとしてつくり、風流とか趣味とかとしてつくるということは、その態度自体が消極的後退的な態度であるから、つくることによって、作者の精神もいよいよ消極的になり、後退的になり、自慰的になる。(33)

芸術表現というのは、言葉のかざりとか、リズムとかいう形式上のことより、物を具体的につかむ力であり、物の認識の仕方である。(34)

芸術によって人間を解放し、自主的な自覚的な、行動的創造的な人間にしようとする場合、いちばんじゃまになることは、芸術を、何か特別なもの、複雑で深遠なものとする考え方である。(中略)今は、芸術に対するそういう迷信を打破し、芸術を働く者みんなのものに取り返し、働く者みんなが、芸術を鑑賞しまた創作することによって、自主的な自覚的な人間になるための自己教育をし、自分や社会の現実を鋭く把握し表現し、自分や社会を変革していけるような力を蓄えなければならない。(35)

第三節　教育実践のなかで

一、島小での実践

斎藤喜博が学校現場で教育実践にあたったのは、昭和五年四月から昭和十八年三月まで玉村尋常高等小学校、昭和十八年四月から昭和二十二年三月まで芝根村国民学校、昭和二十二年四月から昭和二十四年十二月まで玉村中学校、昭和二十七年四月から昭和三十八年三月まで島小、昭和三十八年四月から昭和三十九年三月まで境東小学校、昭和三十九年四月から昭和四十四年三月までの境小学校であった。

とりわけ、昭和二十七年四月から昭和三十八年三月までの島小での十一年間の教育実践は、芸術的教育を念頭に置いた教育実践がなされた期間でもあった。昭和四十一年に著した『可能性に生きる』のなかでも、島小に赴任するにあたって「私は、教師としてそれまで言ったり書いたり、ねがったりしたことを、ここで実証しようと思った。[36]」と、教育実践者としての抱負を抱いて赴任していったのであった。同時に、土屋文明から校長になる斎藤喜博に、「君、追い出されるまでいる覚悟があるか。追い出されるまでいるのが実践者なのだ[37]」と言われ、実践者としての決意を持って臨んだとも言っている。一般的に校長は、事なかれ主義で、積極的なことは何一つしないで次の学校へ転任してしまうことが多い現状のなかで、斎藤喜博校長の実践に対する構えは違っていたのである。

1、抑圧からの解放——自由精神

斎藤喜博は島小に赴任してすぐに子どもたちに目を向けていった。島村というところは養蚕が盛んで、経済的にも恵まれていた。子どもたちも「素直でおとなしくて品がよい」ということが定説だった。最初、斎藤喜博もここの子どもをその評価のとおりに見ていたが、次第に子どもの姿に疑問を持つようになり、「気が弱く、溌剌さがなく、元気がなくいじけている。しかも、人間がぼんやりしていて、雑である。(38)」という見方に変わっていった。子どもたちは抑圧されていて、子ども本来の生き生きとした姿を表していないことを見抜いてしまった。そして、斎藤喜博の島小での最初の取り組みは「抑圧からの解放」だった。

短歌づくりのなかでも斎藤喜博は、「芸術というものは、自分の考えを、どんなときでも、どんな場合でも、臆せずに表現することである。」とか「人間が解放され、精神が自由にならない限り、自分自身はもちろん、歴史の動向も、社会の現実も見定めることはできない。」とか「表現することによって自分たちを解放し、解放された人間の持つ、創造力とか行動力とか明るさとかを、今の生活の中につくり出して育てていかなければならない。」[39]と言い、芸術活動とか創造活動には、人間は解放されていて、精神が自由になっていなければならないことを強調している。この考え方と全く同様に、斎藤喜博は教育実践にも対応させており、芸術的教育の実践には、まず「抑圧からの解放」であったのである。

また、ここの学校の先生についてもいじけていると見抜くのであった。

〈始業の鐘が鳴ってもなかなか教室へいかない。それぞれ自分の席に腰かけたまま話している。職員室から出ていっても、また廊下へ寄り集まって、しばらく立ち話をしたりしている。（中略）授業中、商人がやってくる。集金やら注文やらでやってきて、「何々先生」というと、すぐに呼びにいく。すると先生たちは授業をやめてやってきて、のんきそうに金を払ったり、品物を選んだりしていく。（中略）休み時間でも、放課後でも、庭へ出て子どもと遊ぶ先生がひとりもいないのも私の驚きだった。どうして先生たちは子どもたちと庭で遊ばないのであろうかと思ってきいてみると、「いいおとなが、子どもたちといっしょに遊ぶなど恥ずかしい」ということであり、それが本音なのだった。（中略）研究授業などもほとんどなく、先生になってからまだ一度も研究授業などしたことがないという先生が多かった。授業もぜんぶ一斉教授である。[40]〉

と、子どもたちがこのようになっているのは、先生たちの姿が反映されたものと言い、そのようにさせている大きな原因は、校長はじめ、学校の先生、村民や村の有力者に頭が上がらないことからきているのではないかと見ているのであった。斎藤喜博はこの学校に赴任してから「前の校長は職員室で村長にどなりつけられた」とか「卒業写真は、校長より村長が真ん中に腰かける」などのいろいろな話を聞いて、そんななかから、先生たちに「消極的に平穏に過ごしたい」というあきらめのいじけた気持ちが身についてしまったのではないかと考えていた。そして、植物が芽を出すときに、その上に重い石が乗っていては、芽を出すこともできないだろうし、せっかく芽を出しても石の下でくさってしまうか、横から出たとしても、ぶざまな力のないものになってしまうと、重石を取り去ること、つまり「抑圧からの解放」に取り組んでいったのである。

〈くだらない形式的な事務や会合も思いっきり捨てていった。そのかわりに、出た時間で自由に火鉢のはたで話し合ったり、職員運動や職員合唱をしたり、それぞれの勉強をしたりするようにした。校長のことを「校長先生」と呼ばないで、「斎藤さん」と呼んでもらい、お互いのあいだでも「××さん」と呼ぶようにしたのも、校長を形式的に権威者と考えたり、年輩の先生の持っている権威的なものをとりさりたいと考えたからだった。〉(41)

斎藤喜博は、抑圧からの解放によって得られた教師や子どもや親たちの自由な精神を、学校教育の中核をなす「授業」の場面に向けさせたのである。いまでこそ、学校教育の中核は「授業」であるという意識は一般的であるが、「この当時の学校現場から出された教育書は、生活綴り方教師の実践記録がほとんどであり、授業の中味にふれたものは少ない時代だった」(47)ことを考えても、革新的だったのである。斎藤喜博にしてみれば、専門家教師の「授業」は、画家の「カンバス」、音楽家の「ステージ発表」、小説家や詩人・歌人の「作品」と同じように芸術家の表現の場と考えているのである。

〈私は、教育の仕事は、文学芸術の場合と同じように、追求に追求を重ねていく仕事だと思っている。だから教師には作家的なきびしい眼と、追求心と、創造力とが必要であり、その根底になっている、人間を肯定し人間を愛する心が必要になる。

そういう心で、素直に謙虚に対象をよくみ、よく調べ、その上で豊富な自分の経験と知恵と創造力とを使って、作家が紙の上に、またカンバスの上に創造していくように、積み重ね、きずき上げていくということが、教師の実践であり研究である。だから教師の仕事は芸術なのであり、教師は芸術家なのだと私はいつも思っている。(48)〉

斎藤喜博はこの「授業」を、「授業や行事（行事も授業の一つと考えていた）という教師としての専門の仕事で、子どもや自分と対決し、それによって子どもをゆり動かし、子どもの持っている無限の可能性を引き出そうとした。[49]」と考えており、まず、それを実現するための条件づくりに取り組んでいった。

「炭火は、一つ一つの炭をうまく積み上げることによって炎を立てます。炎を立てて燃えている炭でも、散らかしてしまえば消えてしまいます。それと同じように、学級も、全部の子どもがうまく積み上げられ、燃え上がっているということが必要です。学校全体の場合も同じです。全体がうまく積み上げられ、燃え上がっていることが必要になります。全体が燃え上がっていれば、少しぐらい燃えの悪い子どもでも、また学級でも、他の影響で火がつきます。[50]」と言い、「よい授業」をつくるためには、まず、「よい学級集団」をつくることが必要であることを強調している。また「よい学級集団」をつくるためには、「職員集団」や「父母集団」がしっかりできていなければならないと言い、「学校集団」を「子ども集団」と「職員集団」と「父母集団」の構成と考え、関連し合って動いているものとしている。

昭和三十三年に刊行された『未来につながる学力』のなかには、「学級づくり」の一つの事例として、次のようなものがある。[51]

― みんなの鼻はどうかしている

動しているのが多くの子どもたちでした。しかしそれは、ほんとうの感動ではないと私たちは考えました。

ほんとうの感動とは、子どもたちの心が浄化され、素直になっており、一本の草のゆらぎにも、美しいメロディーにも、すばらしい論理の発展にも、自然の法則にも、人間の働き方の美しさにも、他人のすばらしい言動にも、また質の高い授業や先生の話にも、身をふるわせて感動し、それらを生き生きと吸収し、自分を豊かにふくらませてゆくようなものだと思うのです。(52)〉

このように、斎藤喜博は芸術教育を重視するとともに、どの教科、どの授業のなかでも実現されるものと考えていた。島小の先生方も、斎藤喜博の芸術的教育の考え方をめざし、授業のなかでさまざまな方法を考え出し、つくり出していった。そして、一つの方法が考え出されると、それを他の先生も利用して、自分の授業をふくらませ高めていった。たとえば、「〇〇ちゃん式まちがい」、「想像説明」なども、「定石」と言って、仲間同士で授業展開の方法を増やしていった。

㊟「〇〇ちゃん式まちがい」:子どもたちは、教材に対してさまざまの解釈や思考を持っている。そのなかには大変なまちがいもあるが、それをたんに「だめだ、まちがっている」というのでなく、まちがったすじみちとか原因とかをみんなでみきわめる。そして、

まちがった子どもの名前をとって、そのまちがえ方に「〇〇ちゃん式まちがい」という名をつける。こうして学級全員の頭にはっきりと記憶させ、同じようなまちがいが後で出てきたときには、「これは〇〇ちゃん式まちがいだね」と言って、早くそのまちがいを訂正させる。

㊟「想像説明」：ある問題について、子どもたちにいろいろと考えさせ、さまざまな解決を取り上げる。ほかの人はそれを自分の問題として受け止め、その考え方を想像させる。そうすることによって、一人ひとりの創造的な考え方が高められると考える。すぐれた文学作品を読むと、その作者のこころに創り出された世界を、自分みずからの世界のように感じて、イメージを想像し、その世界に感動することもある。このように、心の世界を想像するということは、人間の創造性を高めると考える。

3、創造的な授業――追求・変革

斎藤喜博は、授業という教師本来のしごとによって、子どもの素質的なものまで変革できると考えていた。それまでに普通にあった教育観では、「AはAなりにのばし、BはBなりにのばしてやる」という考え方であった。島小の実践や考え方の底にあったものは、AがAのなかにあるものを否定してA'に、BがBのなかにあるものを克服してB'に成長し変革していかなければと考えていた。つまりは、実践によって子どもに人間としての力をつけ、教師や子どもを変革することが教師としての本来の仕事と考えたのである。

前述のように、島小の昭和三十四年から昭和三十五年の授業は、一層高く深いものになっていった。（島小第三期）このころの斎藤喜博は、「私は、授業というものを狭い教育界の水準で考えるということをしていない。もっと他の広い世界、すなわち、芸術とか科学とかの、他の広い世界の水準とくらべて授業というものを考えたいと思っている。[53]」と言い、より高く深い創造的な授業を芸術的・科学的な発想に求めているのである。

そしてその授業について、「高いものの正しいものを持っている教師と子ども、子どもと子どもとが、一時間の授業のなかで、教材を対象にしながら、それぞれの思考を出し合い、それを激しくぶっつけ合いながら、相互の思考の影響のし合いのなかで、教師をふくめた学級全体が、また一人ひとりが、つぎつぎと新しい世界へとはいっていくようなものでなければならない。[54]」と考えた。創造のない、たんなるくりかえしの授業では、子どもも教師もよくならないと言っている。具体的には、

〈一つの問題に向かって学級全員が考えるとき、Aという子どもは白と考え、Bという子どもは黒と考えた。その相互を激突させ、他の子どもも、教師もそれに参加して、さまざまの思考を激突させているうちに、Aは自分の考えを否定し、Bの考えを肯定し、それに移っていくようになる。さらにみんなして考え合っているうちに、Bの考えとも

ちがう、より高い新しいものが学級の学習のなかに出てき、AもBも、さらに教師も他の子どもも、それぞれいままでの自分や学級の考えを否定し、新しい高い世界へと自分を移行させていく。(54)〉

と、子どもも教師も、それぞれがいままで持っていたものとは異質の、新しい高いものを発見し、その世界へとはいっていくことができるという。つまり、授業はこのように、そのときどきに子どもや教師を変革させていく力があるというのである。

二、実践事例と考察

この時期に島小で実践された授業事例は、昭和三十三年に『未来につながる学力』、昭和三十七年に『授業の創造』と『島小の授業』が刊行されている。特に『島小の授業』のまえがきのなかで斎藤喜博は、「私たちは、島小という一つの具体的な実践の場において『授業』というものの本質を追求しつづけてきた。そして、ようやくのことでここまで追い込んできた。……(中略)ここに提出した『島小の授業』は、私たちが今、ようやくたどりついた一つの授業であり、一つの結晶である。(55)」と言い、全力を出し切った島小の授業を提示している。

ここでは、そのなかから武田常夫氏の「国語」の授業記録(56)を取りあげ、斎藤喜博の「創人類のために病気と戦うことは、さらにりっぱな仕事ではなかろうか。とうとう、柴三郎は固く決心した。ようし、医学を勉強しようと。

柴三郎は、熊本の医学校で勉強した後、東京に出て、東京大学の医学部に学んだ。卒業すると、内務省衛生局にはいったが、ここでは、にわとりのコレラきんを発見して、注目をひいた。また、長崎にコレラが発生した時には、さっそく現地に行き、病人の大便の中からコレラきんを見つけ出した。日本人として、初めてのことであった。

まもなく、柴三郎はドイツに留学することになった。ドイツには、有名な細きん学者のコッホがいる。世界で初めてコレラきんを発見した、コッホがいる。柴三郎の心はおどった。

柴三郎は、ベルリンに着くと、コッホをたずねた。コッホは、まず、じぶんの高弟のリョフレルについて、細きん学の手ほどきを受けるように指示した。

ある日、リョフレルがコッホに言った。

「先生。日本から来た北里というのは、実にめずらしい男ですよ。おそろしい努力家です。なにかひとつ仕事を始めると、それをやりとげるまで、けっしてやめようとはしません。どんな小さなことにも熱心で、一つのぎもんも、それがわかるまで、どこまでも追求するのです。なにしろ、ベルリンに来てから半年にもなるのに、じぶんの下宿と大学の教室との間の道しか知らないという男ですから。」

この話には、コッホも目をまるくした。

「頭のほうは、どうかね。」

「頭はおどろくほどよいのです。とかく、頭のよい人には、努力家が少ないものですが、北里は、その両方を完全に備えているから、すばらしいのです。」

コッホにみとめられた柴三郎は、つぎからつぎへと課題をあたえられた。柴三郎は、そのつど、熱心に研究して成果をあげた。

そのころ、ヨーロッパの医学界で大きな問題になっていたのは、はしょうふきんであった。（中略）

柴三郎はおどりあがって喜んだ。おそろしいはしょうふうを予防するめんえき血清りょう法が、こうして、北里柴三郎によって発見されたのである。はしょうふうきんのばいように成功したよく年の、明治二十三年のことである。

「すばらしい発見だ。人類をでんせん病から予防し、また、ちりょうする新しい方法への道は、北里君、きみの手によって開かれたのだ。」

このコッホの賞賛は、けっしてほめすぎではなかった。

柴三郎は、明治二十五年、日本に帰り、以後、でんせん病研究所を設立したほか、医学界のために大いにつくし、昭和六年、その七十八年のかがやかしい一生を終えたのである。

れにしたがい、かりにも不満などいだくはずがない。それほど彼はコッホを尊敬し、あこがれ、師事することにしあわせを感じていた、と私はここを解釈していた。……（中略）私の解釈はどうやら一人よがりで主観に偏したようだ。もういちど〈柴三郎の心はおどった〉という文章に立ちもどって、その中味を追求する必要がある。私は授業をふり出しにもどしてあらためて、〈柴三郎の心はおどった〉を問題にした。

ここに、武田氏の授業に立ち向かう姿勢が明確に現れているのである。武田氏は、ここで自分の解釈を先生の権威的な立場から、自分のこの解釈を押しつけることはしていないのである。斎藤喜博が言っているように、「教育は、いわば瞬間的な芸術である。(57)」であり、授業を創造するということは、「子ども相互の、また教師との、さらに教材との、激しい対決衝突のある授業によってのみ、教師も子どもも、いままでわかっていたと思うことがわからなくなってしまったり、思いも及ばなかったような解釈や思考がみんなの力で生まれてきたりするのである。(58)」ということなのである。このことは、次の展開のなかにも明確に現れている。

私はあらためて、〈柴三郎の心はおどった〉を問題にした。「どういうことだ？」という私の問いかけは、自信にみちたものではなかった。

「なにか楽しいことがあるときさ、それを考えただけでも胸がワクワクするに。そういうときの気持を言うんだと思う」

浩がごく一般的なとらえ方で、私の問いかけに応じた。

「たとえば？」

「旅行の前とか、運動会の前など」

「そう。そういうときは心がおどるね」

「テストの前！」

啓三郎がいちばん後ろの席からぶっきらぼうに参加した。それにつれられて、俊男が、

「かけっこの前！」

とくっつけた。

「ちがう、そういうときは楽しんじゃなくて、心配でドキドキしているんだ。心がおどるのは楽しいときだ」

美世子が二人の意見を否定した。俊男はそのまま引き下がった。しかし、啓三郎はすぐに反撃した。

「だって、柴三郎はドイツに学問しにいくんだぜ。楽しかねえぜ」

「楽しいんじゃねん。外国へいけるんだもの」

「外国へいけるだけなら、おれだって楽しいさ。だけど勉強にいくんじゃ楽しかねえ

「だって、柴三郎は人類のために病気と戦おうと決心して医者になったんだろう。ドイツへいけばそれだけ人類のためになるんじゃねん」

「そうすると、柴三郎はいよいよ人類のためにつくせる日が近づいたという気持で心がおどったんだね」

「そう」

「啓ちゃんも、そうなの?」

「おれは、自分でコッホのところへいけるんがうれしかったんだと思う。人類のために、なんて考えはなかったと思う」

房枝のことばはテキパキとして歯切れがよかった。啓三郎は口のなかでモゾモゾいっていた。私はさっきの啓三郎の発言をもういちど取りあげた。

「啓ちゃん、さっき勉強は楽しかねえ、といったね」

「えんそくみたいに楽しんとはちがうっていったんだ」

「えんそくと勉強とどこがちがうの?」

「えんそくならさ、バスに乗って、うんめえもん食って、景色みて帰ってくればいいんだんべ。だけど研究つうのは、もっと骨がおれて、汗をかいて、頭を使う。だけど、ものがわかればやっぱり楽しい。だからさ、ちがうんだよ。楽しいつうことが」

「わかった」

といったのは知子だった。

「あたしも賛成だ」

といったのは美世子だった。私もうなずいた。

「そこで知子ちゃん、柴三郎は今どっちの気持なんだ。房枝さんか、啓ちゃんか?」

「両方」

「両方?」

私はすこし面くらった。両方なんてあるもんか。それでは私が困ってしまう。

「どうして両方なの?」

私はなさけない声で問い返した。

「だって、柴三郎は人類のために医者になろうと決心したと本にあるだろう。だから、今でもそういう気持はたしかにあると思う。だけど、内務省衛生局にはいって研究しているうちに、自分の研究の喜びも生まれたんじゃねん。そのほうが強くなってきたかもしれないけどさ。だから両方あったとわたしは思う」

知子の両方には、私の解釈を打ちくだくような論理があった。

見事な授業である。教師が事前に解釈したことを無理やりに押し付けることでなく、教材と子どもと教師とのコミュニケーションのなかで、つぎつぎと新しい境地に進んでいき、そのなかで子どもも教師も変化していっているのである。このようなところに、斎藤喜博は授業の芸術性を強調し、「授業が、一つの芸術作品、芸術行動と同じものになっているということである。子どもと先生が、一つの対象に向かって全力を打ちこんで追求しているということである。」と言い、「教育とは芸術的創造である」と言っているのである。(59)

武田氏のこの授業を一層分析的に考察してみよう。

一つは教材解釈のことである。最初に武田氏は、この時間の授業を朗読からはじめていった。それは、武田氏のこの教材に対する明確な意図のもとに行われたのであった。ところが、〈まもなく、柴三郎はドイツに留学することになった。ドイツには、有名な細きん学者のコッホがいる。世界で初めてコレラきんを発見した、コッホがいる。柴三郎の心はおどった。〉の部分で問題が起きた。ここは、コッホを説明したセンテンスが二度くり返されており、〈柴三郎の心はおどった〉は、何の問題点もないものと解釈していた。しかし、授業が進行していくなかで、子どもたちのなかから、まず、〈手ほどき〉ということについての問題が出され、結局、〈柴三郎の心はおどった〉の部分のおさえが甘かったことを反省せざるをえなくなり、朗読してわかるだろう、わからせようという教材解釈を問題としていくのである。そして、この〈柴三郎の心はおどった〉の部分から授業を立て直していったのである。普通ならば、教師の解釈を説明してこの場面を通過してしまうところであるが、武田氏は敏感にも、振り出しに戻し、〈柴三郎の心はおどった〉を取り上げていったのである。島小では、この教材解釈について、三つに分けて考えていたと斎藤喜博は言っている。(60)誰もが知っているような「一般的解釈」、教師が授業の展開を考えた「教師としての専門的解釈」、専門家の持つ「それぞれの分野での専門的解釈」であるという。武田氏がこの授業のなかで行った教材解釈の変更は、二つ目の「教師としての専門的解釈」だったのであろう。「一般的解釈」だけにこだわっていたのでは、こんな授業展開にはなってはいなかったのではないかと思うのである。

二つ目は、子どもや教材を見抜くことである。たとえば、〈心はおどった〉の議論のなかで、楽しいことについて美世子が啓三郎や俊男の意見を否定した後、啓三郎が「外国へいけるだけなら、おれだって楽しいさ。だけど勉強にいくんじゃ楽しかねえや」と言ったことについて、美世子はすこしたじたじとなった。啓三郎には彼なりの論理があったのだと、子どもの変容のようすをみて、すかさず、「柴三郎は楽しかったろうか?」と「私は二人の論争にわってはいった」とある。個人的な意見の交換に陥っている状態を見抜き、また、教材の本論にもどしているのである。さらに、啓三郎の「おれは楽しくないと思う。旅行にいくように楽しくはないと思う」という発言に対して、「啓三郎の発言は前よりいくらか変わってきた。楽しさにも内容のちがいがあるという思考が加わってきた。」と見抜き、その後の展開につなげている。斎藤喜博は、『教育学のすすめ』の「授業が成立するための基本的な条件」のなかで、「教育とか授業とかにおいては、『みえる』ということは、ある意味では『すべてだ』といってもよいくらいである。それは、『みえる』ということは、教師としての経験と理論の蓄積された結果の力だからである。一人ひとりの子どもの反応を深くみつめ、それに対応することのできる教師としての基本的能力だからである。」[61]と言い、「みえるということは、教師の人間の豊かさとか、人間性の豊かさとか、教師としてのあらゆる教養とかがあってはじめてできることである。」[62]と、「みえる力」を支えるものを指摘している。

三つ目は、子どもや教材に対する対応のしかたについてである。前述のように、「『柴三郎は楽しかったろうか?』と私は二人の論争にわってはいった」とあるが、これは正に、教師が適切な対応をしたところであろう。個人的な意見の交換に陥っている状態を見抜き、また、教材の本論にもどしているのである。その後の授業は、柴三郎の心に焦点をしぼって展開されていくのである。教師の対応の仕方について、斎藤喜博は『授業入門』のなかで、「授業は、そういう子どもたちのひとりひとりに、直接に働きかけながら、その反応の事実に即して、それを組織し発展させなければならないものである。」[63]とか、「子どもの変化に応じて、とっさに働く力が教師にないと、子どもは思うように高まっていかない。私はこれを『実践でのとっさのチャンバラ』と言っているのだが、これもまた、ただうまくやるというのではだめで、それが、教師の世界観とか、思想とか、教育の理論とかに支えられているものでなければ、生きたものにならない」[64]とか、「すぐれた教師はみんな、子どものつまらないような発言や表情を、のがさずするどくとらえ、それをとり上げ、その子どもが思いもかけないような次元へと、それを転化してしまい、そのことによって、その子どもを変革させ、また学級のみんなを変革していくものである。[65]」などを指摘しており、武田氏の子どもへの対応のしかたも、その原則を踏まえたものである。

四つ目は、これまでの三つの要素が充たされた授業でこそ目指せるものとして、「追求的な授業」と「自己変革的な授業」がある。斎藤喜博は、このレベルまで高められた授業について、「教師をふくめた学級全員でコミュニケーションを起こしながら、つぎつぎと新しい次元へと変革していくような追求的な創造的な授業は、それ自体が芸術的な性格をもっている。[66]」と言っている。武田氏のこの授業では、「私が子どもから引き出したいのは、柴三郎の心、彼の喜びや充足感を形成している具体なのだ。」とあるように、柴三郎の心、彼の喜びや充足感に迫らせることをめざして、〈柴三郎の心はおどった〉の部分について様々な意見を引き出し、追求させている。芸術的な性格を持つ、「追求的な授業」が展開されているのである。『心の窓をひらいて』の「教師は芸術家だ」のなかでも、「一時間の授業を、一日一日の仕事を、また行事などを、そのときどきに新しく発見し創造していくという仕事は、科学者が新しい発見をしていくのと同じであり、画家や小説家が新しい仕事をしていくのと同じである。セザンヌは、他人がみれば完成していると思われるような絵を何回も何回も書きなおして、追求に追求を重ねたというし、ルオーも一枚の絵を五年

子は、ほぼ、この二冊にまとめられている。ここにその概要を整理しておきたい。また、これから斎藤喜博の授業記録を芸術的教育の視点から分析・整理するための手がかりともしていきたい。

『授業入門』から(72)

① よい授業には、すぐれた芸術作品と同じような、緊張と集中がある。そこでは、学級のどの子どももが、みな自分を発揮し、わき目もふらず生き生きと活動し、みんなの力でつぎつぎと新しい発見をし合っていく。そしてそういう授業は、一時間の授業の仕方が独創的であり、演出的であり、また、芸術と同じような感動をよびおこす。(P.46)

② 教育とは、子どもたちに教えるとか、助成するとかいうなまやさしいものではなく、子どものなかにあるものを、つかみとり、引っぱり出してやる激しい作業だと思っている。地下に眠っている石炭を地上に掘り出し、火をつけて燃やすような作業だと思っている。また、子どものなかにないものまでも創り出してやる作業だと思っている。(P.48)

③ (真の授業は)目のつり上がった粗雑できめのあらい精神の持ち主や、教育理論や体系書だけを読んで、物知りぶっている、地面にしっかりと足のついていない人間にはできない仕事である。子どもを見つめ、子どもにくっついて、その上で勝負をしようとす

るものにだけできる仕事である。(P.49)

④　学級には、それぞれ特定の、矛盾を持った子どもたちが集まっている。授業は、そういう子どもたちのひとりひとりに、直接に働きかけながら、その反応の事実に即して、それを組織し発展させなければならないものである。(P.51)

⑤　AとBとは、自分と相手とがどこが同じで、どこがちがうか、それは何のためか、など考え合っているうちに、Aも新しい発見をし、Bも新しい発見をし、AもBも、自分だけで考えていたときとは別の次元のものに、自分の学習が発展する。さらに、話し合い考え合っているうちに、AとBの学習が発展しただけでなく、AとBとの間に、xという全然別個の考え方が生まれてくる。これは、芸術において、主体と客体との相互の交流のなかに、全然別個のものが結晶してき、それが作品となるようなものである。(P.52)

⑥　私の見ているよい先生は、みな、教え方にも、心のふくらむような暖かいものがにじみ出ているし、人と人との心のふれ合いも微妙だし、子どもの感情や思考の動きなども的確に、暖く、よく読みとる能力を持っている。子どもも同じである。このことは、芸術の世界で、自然や人間と向かい合ったとき、それらと即座に交流し、対象を的確に把握し、新しい一つのものを創造していく態度に似ている。すばらしい授業、気持よい授業は、みなそういうものを持っている。(P.74)

⑦（授業には）子どもの変化に応じて、とっさに働く力が教師にないと、子どもは思うように高まっていかない。私はこれを「実践でのとっさのチャンバラ」と言っている。（P.78）

⑧すぐれた教師はみんな、子どものつまらないような発言や表情を、のがさずするどくとらえ、それを取り上げ、その子どもが思いもかけないような次元へと、転化してしまい、そのことによって、その子どもを変革させ、また学級のみんなを変革していくものである。（P.86）

⑨すぐれた教師は、必要なときに、必要なものを、よく自分の記憶のなかからくり出し、使っている。（P.96）

⑩私は、よい授業を見るたびに、いつも芸術作品を見ているような気がする。そこには、演劇と同じような主題があり展開がある。（P.103）

⑪授業のばあい、教師の教材に対する深い解釈は、ただそれだけで終わるのではない。子どもたちの思考が行きづまったとき、子どもたちの学習が生き生きと発展していかないとき、それをつき破らせるために、教師の解釈の深さがものをいう。深く解釈している教師は、そういうばあい、とっさに、さまざまの角度から子どもの思考をつきくずし、発展させていくことができる。（P.109）

⑫私は、教師は芸術家だと考えている。教師の仕事としていちばん大事な場面である授

業も、それがほんとうに創造的なものであり、探求的なものであれば、その授業は、芸術と同じ高さになり、芸術と同じ感動を人に与える。そして、そういう授業をすることによってだけ、子どもも教師も満足し成長し、自己変革をとげることができる。（P.113）

⑬ 教師が、先人の歩んだ道だけを安易に歩むということをしないで、未知の世界に向かって、一日一日を探求し、創造していくということは、そのまま子どもにそういう生き方を教えることになる。……このように教師の仕事を考えてきたばあい、教師のつくり出す作品は、とうぜん「子ども」ということになる。（P.116）……教師の作品である子どもは、画家の絵や、小説家の作品と同じように、そのままの姿で定着して残るということはない。しかしそのときどきに生み出し創り出された仕事は、芸術家の創造と価値において少しも変わりはない。（P.119）

⑭ 芸術の本質は、「人と人との心の通いみち」「ものの考え方を転換させてくれる」「端的にものの本質つかむことができる」である。これは、そのまま教育の本質とならなければならない。（P.121〜122）

⑮ その授業が、一つの芸術作品、芸術行動と同じものになっているということである。子どもと先生が、一つの対象に向かって全力を打ちこんで追求しているということである。（P.125〜126）

⑯ 芸術教育を子どもにするばあい、大事なことの一つは、教師自身が自分で感動し、自

分でそのものに打ちこんで子どもに対するということである。(P.148)

⑰ (芸術教育のばあい) 子どもの精神が緊張して働くような条件をつくってやること。(P.149)

⑱ 芸術教育においては、同じことを二度とくりかえしてはいけない。(P.153)……同じことをくり返させるということは、子どもの精神を生き生きと緊張させ創造させるための障害となる。(P.157)

⑲ 教育は、そのときどきの子どもを、その時代、そのときの現実のなかで、ぎりぎりのところまで完成させ、それが一つの典型とか抽象とかになるまで、子どものからだで創造させなければならないものである。そしてそれをまた、つぎの授業とか行事とかの積み上げげによって、惜しげもなくこわし、新しい子どもの典型とか抽象とかを、子どもの上にまた創り出していくということである。(P.256)

[『授業』から(73)]

＊① 授業はこのように、教師と子ども、子どもと子どもの激突によって、絶えずそのときどきの新しいものを発見し、生み出し、創造していくものである。(P.225)

＊② 授業ではいつでも、徹底的に事実に即して物を考えさせることが必要になる。そういう態度を教師が持って、子どもにも、いつでも事実をもとにして考えるという態度や

方法を教えることが必要である。それは、事実から離れるということは、思考や追求が、抽象的・観念的になり、創造とか発見とかとはおよそ遠いものになってしまうからである。(P.232)

＊③　リズムを大切にするということも、授業のなかに創造と発見を創り出すために、忘れてはならないことである。すぐれた授業展開には、必ず生命を持ったリズムがあり、新鮮ないぶきがあり、ドラマ的なものがある。(P.233)

＊④　授業はこのように、つくり出したものを、破壊し、否定しつづけていって、はじめて発展していくものである。(P.244)

＊⑤　芸術教育は、いままで書いてきた狭い意味での「授業」の場合と同じに、創造的であり、追求的であり、それぞれが自己変革をとげ、それぞれの質を変えていくようなものでなければならない。(P.311)

＊⑥　(芸術教育とは、) それは普通の授業の場合と同じに、教材と格闘し、それによって教師と子どもとが、つぎつぎと新しい世界へと移行し変革していくものである。(P.313)

＊⑦　一つの教材をつかって、(中略) 高い世界へ上がった子どもたちが、またいきおい込んで学習し、さらに新しい高いものを発見し創造したくなるような、すぐれた高い教材をさがしてくることが必要になる。(P.317)

＊⑧　芸術教育とは、一回ごとの驚きを子どもたちに感じさせていくことなのだと思う。

そういうことから、自分の生活を拡大していったり、いままでの自分とまったくちがった認識をしていったり、他人の複雑さ、多様さ、大きさに目を見はって感動したりして、自分と他人との真の連帯感を持ったりすることなのだと思う。（P.319）

＊⑨　芸術教育は知識や常識を教えることではなく、イメージを豊富に咲きみだれさせ、それを感覚として定着させることである。（P.333）

＊⑩　芸術作品と教師とのかかわり合いが深ければ深いほど、芸術そのものが深く子どもとかかわり合いを持つような指導をしていくことができる。（P.333）

＊⑪　教師をふくめた学級全員でコミュニケーションを起こしながら、つぎつぎと新しい次元へと変革していくような追求的な創造的な授業は、それ自体が芸術的な性格を持っている。（P.341）

＊⑫　すぐれた授業は、原理原則を先に立て、それを公式的形式的に押しつけていく、もしくは学びとっていくのでなく、子どもたちや教師の、さまざまの解釈を積み重ねていき、一つの論理なり、証明なり、考え方なりを、学級のなかに、また教師や一人ひとりの子どものなかにつくり出していくものである。（P.341）

＊⑬　子どもの発想や思考は、極めて感覚的であり、そのなかに、素朴ではあるが、大事な論理や真理をふくんだものが多い。したがって、子どもが感覚的につかんだものを材料にし、それを追求していくことによって、論理的なものをとらえたり構成したりする

ことができる。(P.344)

＊⑭　授業とか教育とかのなかから生まれた子どもは、結晶としての美しさをもっている。結晶されたものの美しさとか新鮮さとか力とか明快な明るさとかを持っている。とざされていない、真の解放された世界を持っている。(P.353)

［注］

（1）斎藤喜博『斎藤喜博全集1「教室愛」』国土社　一九六九年　四八頁「あとがき」を見ると、昭和十年か十一年にはすでに「芸術」という言葉を使っている。
（2）斎藤喜博『斎藤喜博全集1「教室愛」』国土社　一九六九年　一九六頁
（3）斎藤喜博『斎藤喜博全集1「教室記」』国土社　一九六九年　四〇〇頁
（4）斎藤喜博『斎藤喜博全集1「教室愛」』国土社　一九六九年　一五三頁『草原』には、昭和八年十一月とある。
（5）斎藤喜博『斎藤喜博全集1「教室愛」』国土社　一九六九年　一五二〜一五三頁、『草原』には、昭和八年十一月とある。
（6）斎藤喜博『斎藤喜博全集12「可能性に生きる」』国土社　一九七一年　一〇三頁
（7）斎藤喜博『斎藤喜博全集12「少年のころの記憶」』国土社　一九七一年　一二〜一三頁
（8）斎藤喜博『斎藤喜博全集12「少年のころの記憶」』国土社　一九七一年　一四頁
（9）斎藤喜博『斎藤喜博全集12「可能性に生きる」』国土社　一九七一年　三三七頁
（10）斎藤喜博『斎藤喜博全集5「授業」』国土社　一九七〇年　二三二頁

(11) 斎藤喜博『斎藤喜博全集4「授業入門」』国土社　一九六九年　一二六頁
(12) 斎藤喜博『斎藤喜博全集12「可能性に生きる」』国土社　一九七一年　九八頁
(13) 斎藤喜博『斎藤喜博全集7「私の教師論」』国土社　一九七〇年　一四六頁
(14) 斎藤喜博『斎藤喜博全集3「心の窓をひらいて」』国土社　一九七〇年　三九五頁
(15) 斎藤喜博『斎藤喜博全集12「可能性に生きる」』国土社　一九七一年　三一三〜三一四頁
(16) 斎藤喜博『斎藤喜博全集15―2「職場」』国土社　一九七一年　二二四頁
(17) 斎藤喜博『斎藤喜博全集15―2「職場」以後』国土社　一九七一年　一五九頁
(18) 斎藤喜博『斎藤喜博全集3「授業以前」』国土社　一九七〇年　三七頁
(19) 斎藤喜博『斎藤喜博全集15―2「職場」以後』国土社　一九七一年　二三九〜二九一頁
(20) 斎藤喜博『斎藤喜博全集15―1「表現と人生」』国土社　一九七一年　三八〜四〇頁
(21) 斎藤喜博『斎藤喜博全集15―1「表現と人生」』国土社　一九七一年　二五〇頁
(22) 斎藤喜博『斎藤喜博全集15―1「表現と人生」』国土社　一九七一年　二五頁
(23) 斎藤喜博『斎藤喜博全集15―1「表現と人生」』国土社　一九七一年　一八頁
(24) 斎藤喜博『斎藤喜博全集15―1「表現と人生」』国土社　一九七一年　一八八頁
(25) 斎藤喜博『斎藤喜博全集別巻2「教育と人間」』国土社　一九七一年　一〇頁
(26) 斎藤喜博『斎藤喜博全集15―1「表現と人生」』国土社　一九七一年　四三頁
(27) 斎藤喜博『斎藤喜博全集15―1「表現と人生」』国土社　一九七一年　六一頁
(28) 斎藤喜博『斎藤喜博全集15―1「表現と人生」』国土社　一九七一年　七三頁
(29) 斎藤喜博『斎藤喜博全集15―1「表現と人生」』国土社　一九七一年　七四頁
(30) 斎藤喜博『斎藤喜博全集15―1「表現と人生」』国土社　一九七一年　八二頁

(31) 斎藤喜博『斎藤喜博全集15―1「表現と人生」』国土社　一九七一年　九四頁
(32) 斎藤喜博『斎藤喜博全集15―1「表現と人生」』国土社　一九七一年　一二四頁
(33) 斎藤喜博『斎藤喜博全集15―1「表現と人生」』国土社　一九七一年　一二七頁
(34) 斎藤喜博『斎藤喜博全集15―1「表現と人生」』国土社　一九七一年　一三一頁
(35) 斎藤喜博『斎藤喜博全集15―1「表現と人生」』国土社　一九七一年　一五七～一五八頁
(36) 斎藤喜博『斎藤喜博全集12「可能性に生きる」』国土社　一九七一年　三三七頁
(37) 斎藤喜博『斎藤喜博全集12「可能性に生きる」』国土社　一九七一年　三三六頁
(38) 斎藤喜博『斎藤喜博全集3「心の窓をひらいて」』国土社　一九七〇年　二二八頁
(39) 斎藤喜博『斎藤喜博全集15―1「表現と人生」』国土社　一九七一年　九四～九五頁
(40) 斎藤喜博『斎藤喜博全集12「可能性に生きる」』国土社　一九七一年　三四九～三五二頁
(41) 斎藤喜博『斎藤喜博全集12「可能性に生きる」』国土社　一九七一年　三五五頁
(42) 斎藤喜博『斎藤喜博全集11「島小物語」』国土社　一九七〇年　四二八頁
(43) 斎藤喜博『斎藤喜博全集12「可能性に生きる」』国土社　一九七一年　三五七頁
(44) 斎藤喜博『斎藤喜博全集11「島小物語」』国土社　一九七〇年　四五〇頁
(45) 斎藤喜博『斎藤喜博全集11「島小物語」』国土社　一九七〇年　五二一頁
(46) 斎藤喜博『斎藤喜博全集11「島小物語」』国土社　一九七〇年　五七五頁
(47) 斎藤喜博『斎藤喜博全集11「島小物語」』国土社　一九七〇年　四九四頁
(48) 斎藤喜博『斎藤喜博全集3「心の窓をひらいて」』国土社　一九七〇年　四〇一頁
(49) 斎藤喜博『斎藤喜博全集11「島小物語」』国土社　一九七〇年　四四八頁
(50) 斎藤喜博『斎藤喜博全集別巻1「未来につながる学力」』国土社　一九七〇年　三一二～

三一三頁
(51) 斎藤喜博『斎藤喜博全集別巻1「未来につながる学力」』国土社 一九七〇年 一一～一三頁
(52) 斎藤喜博『斎藤喜博全集別巻1「未来につながる学力」』国土社 一九七〇年 三〇六～三〇七頁
(53) 斎藤喜博『斎藤喜博全集7「教育現場ノート」』国土社 一九七〇年 二七三頁
(54) 斎藤喜博『斎藤喜博全集7「教育現場ノート」』国土社 一九七〇年 二三〇～二三一頁
(55) 斎藤喜博『斎藤喜博全集別巻1「島小の授業」』国土社 一九七〇年 三三〇～三三一頁
(56) 斎藤喜博『斎藤喜博全集別巻1「島小の授業」』国土社 一九七〇年 三三二～三五八頁
(57) 斎藤喜博『斎藤喜博全集7「私の教師論」』国土社 一九七〇年 七二頁
(58) 斎藤喜博『斎藤喜博全集7「教育現場ノート」』国土社 一九七〇年 二六〇頁
(59) 斎藤喜博『斎藤喜博全集4「授業入門」』国土社 一九六九年 一二五～一二六頁
(60) 斎藤喜博『斎藤喜博全集7「教育現場ノート」』国土社 一九七〇年 二六八～二六九頁
(61) 斎藤喜博『斎藤喜博全集6「教育学のすすめ」』国土社 一九七〇年 四〇五～四〇六頁
(62) 斎藤喜博『斎藤喜博全集6「教育学のすすめ」』国土社 一九七〇年 四一二頁
(63) 斎藤喜博『斎藤喜博全集4「授業入門」』国土社 一九六九年 五一頁
(64) 斎藤喜博『斎藤喜博全集4「授業入門」』国土社 一九六九年 七八頁
(65) 斎藤喜博『斎藤喜博全集4「授業入門」』国土社 一九六九年 八六頁
(66) 斎藤喜博『斎藤喜博全集5「授業」』国土社 一九七〇年 三四一頁
(67) 斎藤喜博『斎藤喜博全集3「心の窓をひらいて」』国土社 一九七〇年 四一一頁
(68) 斎藤喜博『斎藤喜博全集5「授業」』国土社 一九七〇年 三一一頁

(69) 斎藤喜博『斎藤喜博全集5「授業」』国土社　一九七〇年　三一三頁
(70) 斎藤喜博『斎藤喜博全集5「授業」』国土社　一九七〇年　三三三頁
(71) 斎藤喜博『斎藤喜博全集5「授業」』国土社　一九七〇年　二三三頁
(72) 斎藤喜博『斎藤喜博全集4「授業入門」』国土社　一九六九年
(73) 斎藤喜博『斎藤喜博全集5「授業」』国土社　一九七〇年

第二章

斎藤喜博の芸術論の特徴

これまで、斎藤喜博の芸術的教育観の形成過程を子ども観の側面、歌論的側面、教育実践的側面から見てきた。ここでは、それらの根底を流れる斎藤喜博の芸術論と教育論についての考察を一層深めていきたい。

まず、第一章の「第二節　短歌づくりのなかで」のところでも取り上げたが、斎藤喜博は、「『事実に即する』ことこそ、真の短歌芸術である」と言い、斎藤茂吉の『赤光』五首を芸術主義と批判している。（本書P.20～21参照）つまり、「芸術は人間の生き方の表現であるから、僕らは芸術家風をなげすてて、芸術的な言葉づかいなどはやめ、市井のありふれた人間になりきって、その中に真実を求めて歩むという、理知と情熱とをかねそなえた新しい芸術家をつくらなければならないと思う。」と言っている。芸術的な言葉より、真実を求めることが、真の芸術であると言っている。「事実に即する」というアララギのリアリズムこそ、真の芸術であるというのである。

さらにこの考え方は、土屋文明の「生活即短歌」の考えを強く受け、「芸術は誰にでも表現できるもの。働く大衆が、前代のいかなる表現形式も考慮することなく、自分のものを、自分の気持を思うままに表現すればよいのである。」という「広い意味のリアリズム」の考え方に発展していくのある。（本書P.23～25）

このアララギのリアリズム芸術論についいは、上野省策編『斎藤喜博と美術教育』(1)の解説に具体的によく表現されている。

〈斎藤喜博はアララギの俊秀歌人の一人である。私にはいつもよく、土屋文明先生の話や、島木赤彦先生の考え方について話してくれた。そのなかでとくに記憶にのこっているのは、島木赤彦先生の著書である『歌道小見』を読むことを薦めてくれたことである。二人で一緒に読んだこともあるし、内容についても話しあったこともある。とくに印象にのこっているのは、「萬葉集の生命」という章を声をあげて読み、「この考え方は島木先生の卓見である」と何度も言ったことである。幸い今私の手もとに岩波文庫版『歌道小見』があるので、文中とくに斎藤が感動していた部分を引用しておこう。

――前略……萬葉集の作者は、平安朝以後の歌人の如く、歌を上品な遊戯品として取扱って居りません。歌う所は、皆、必至已むを得ざる自己の衝迫に根ざして居ります。これは、萬葉人として當然の行き方でありまして、萬葉集のすべての歌の命は、一括してここにあるのだと言ひ得ると思います。これを内面から言へば、全心の集中であり、外面から言へば直接な表現であります。直接な表現でありますから、打てば鳴り、斬れば血が出るのでありまして、左様な緊張した表現が、上代簡古な姿と相俟って、芸術としての氣品を持して居るのであります。全心集中から生れない歌は、生れない先から歌でありません。さういう歌に限って、表現が生ぬるくなり、間接なものになり、安易軽薄なものになり、しまいには、詞の上の遊戯に陥って、洒落や虚假おどしの駢列に終わ

ります。……後略――この作歌精神は斎藤喜博の全作歌に通じていると思うし、又彼の芸術教育論の大きな基礎となったと思う。〉

と、斎藤喜博の芸術に対する基礎理念を、「全心集中と追求」、「全力をあげて追求しぬく仕事の中にこそ〝美〟はうまれでる」と述べている。(2)

実際に、島小で行った教育実践は、斎藤喜博のこの芸術に対する基礎理念のもとに進められているのである。第一章で取り上げた武田氏の授業のなかでも「追求的な授業」が展開されている。「手ほどき」ということをめぐっての子どもたちの議論、「柴三郎の心はおどった」ということについての、浩、啓三郎、美世子、先生、房枝、知子等の議論を見ると、「全心集中と追求」の場面が展開されていることがよくわかる。斎藤喜博は、「授業が、一つの芸術作品、芸術行動と同じものになっている……子どもと先生が、一つの対象に向かって全力を打ちこんで追求しているということである。」と言い、「教育とは芸術的創造である」(3)と言っていることが、よく理解できるのである。

このように、斎藤喜博の芸術に対する基礎理念は、上野氏が指摘するように、「全心集中と追求」、「全力をあげて追求しぬく仕事の中にこそ〝美〟はうまれでる」というところにあるわけであるが、これを芸術論、美学の立場からは、どのように解釈できるのであろうか。つまり、芸術と真理との関係をどのように理解すればよいかという問題である。そのために、芸術を現象学的にとらえることを試みたい。ハイデッガーは、ヴァン・ゴッホの「一足の靴」の絵について、次のように語っている。(4)

……道具が道具であるということは、この役にたつということにあります。しかし役にたつということはどういうことなのでしょうか。僕らはこの役にたつということで、道具が道具としてあることをとらえているのでしょうか。それをとらえるために、役にたつ道具が役にたっているばあいをさがしだすことが必要ではないのでしょうか。野良で百姓女が靴を穿いています。それではじめて靴は靴であるところのものです。靴は野良仕事をする百姓女が靴のことを考えたり、靴をながめたり、あるいはただこれを感じたりすることがすくなければすくないほど、それだけほんとうに靴であるのです。百姓女は靴を穿いて立ちそして歩きます。そうして靴は役にたちます。道具が使用されているときに、道具としてあるということがしんじつ僕らの目にとまるにちがいないのです。

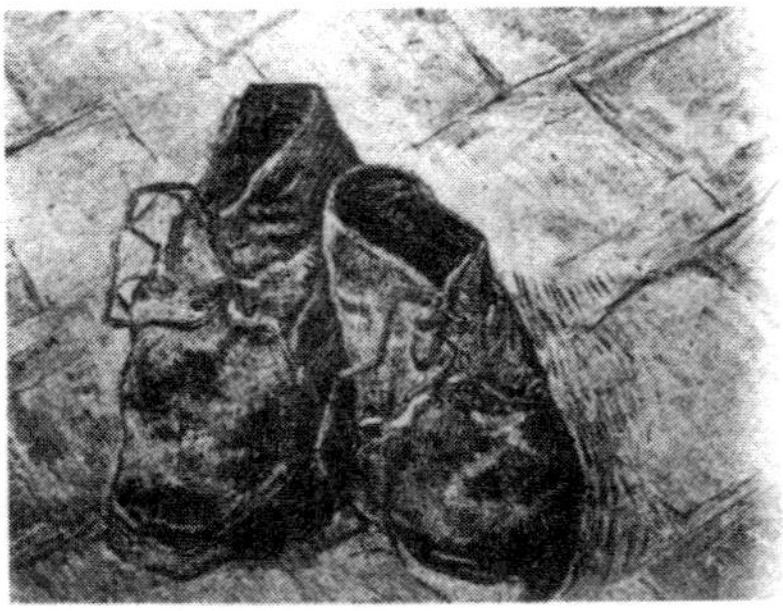
ヴァン・ゴッホ：百姓靴（1888 年）

これと反対にただおおまかに一足の靴を目のまえに

おもいうかべてみるとしましょう。それともいっそのこと画のなかにただおかれていて、穿かれていないからっぽの靴をながめるとしましょう。そんなことをしているうちは、道具が道具であるということは、しんじつ何であるか、いつまでたってもそれを識ることにはなりません。ヴァン・ゴッホの画から僕らは、その靴がどこにおかれているのか、それすらも確定することができません。この一足の靴のまわりには、ただ不確定の空間があるだけで、この靴がなにものへ、どこへ帰属しているのか、それもわかりません。この靴には畑の土くれも、野みちの土くれもへばりついていません。もしそんなものがへばりついていたら、すくなくともこの靴のつかいかたがわかるかもしれません。一足の百姓靴、ただそれだけです。それなのに。

この靴という道具のくり抜かれた内部の暗い穴から目をこらしてみつめているのは、労働の歩みのつらさであります。この靴のがっしりした重みのなかに、風がすさぶ畑のひろくのびて単調なあぜをのろのろと歩いたあゆみの根気がこめられています。革には土のしめりと飽和があります。踵の下には暮れかかる夕べの野みちの寂莫が足摺りをしています。靴のなかには、大地のひびきのとまった叫びごえが、熟れる麦の贈与をつたえる大地の静寂が、冬の野づらの荒れた休耕地にみなぎる大地のわけしらぬ拒絶が揺れております。この靴をくぐりとおるのは、パンの確保のための嘆声をあげない心労、ふたたび苦難を克服することができたということばにでないよろこび、生誕の到来による武者ぶるい、死の威嚇による戦慄が揺れております。この靴という道具は大地に帰属しています。百姓女の世界のなかでこの道具は保存されています。この保存されて帰属することから、この道具がうまれて自足することになります。（中略）

ヴァン・ゴッホの画は、道具、すなわち一足の百姓靴がまことに「有る」ところのものを開いているのです。この有るものがその有のあからさまへでてくるのです。有るもののあからさまを、ギリシャ人はアレーテア「かくれていない」とよびました。僕らはこれをまことと言います。そして僕らは、このまことということばでもって思考するところが不十分です。作品のなかで有るものがそれであるものとそれのありかたへ開かれるとするならば、作品のなかで、まことが作られるのです。

芸術の作品のなかで有るもののまことが、作ることにおかれたのです。「おく」というのはここで、とどまらせるという意味です。一つの有るもの、一足の百姓靴は作品のうちで、その有の光のなかへたつことになります。その有るものの有が、そのみえることをおしとおすことになります。

芸術の本質は有るもののまことがじぶんを作ることへおくことかもしれません。しかしこれまで芸術は、美しいものや美とかかずりあって、まこととかかずりあうことをしませんでした。美しい作品をつくる諸芸術を、道具を製作する手仕事の芸術と区別して、美しい芸術とよんでいます。美しい芸術において美しいのは芸術ではありません。美し

――い芸術が美しいものをつくるからただ美しいとよばれるのです。……

ハイデッガーは芸術の本質を追求していくにあたって、まず、芸術作品自身が物の性格を持つことに着目していった。「物が物であることは何か」と問いかけることからはじめていった。そして、「物が物であること」についての解釈を三つにまとめている。特有性の支え手としての物、感性に与えられる多様性の統一としての物、形成された素材としての物。ハイデッガーは、このうち第三番目の解釈に着目して、形式と素材による物の把握のしかたには、なにかの目的に役立たせるための物とみて、これを「道具」と呼んでいる。そして、「道具の道具であることは何か」を見定めるために、一枚の芸術表現であるゴッホの「一足の百姓靴」をとりあげていった。ハイデッガーは、ゴッホの「一足の百姓靴」の絵のなかに、「この靴という道具のくり抜かれた内部の暗い穴から目をこらしてみつめているのは、「労働の歩みのつらさ」、「この靴のがっしりした重みのなかに、風がすさぶ畑のひろくのびて単調なあぜをのろのろと歩いたあゆみの根気」、「革には土のしめりと飽和」、「踵の下には暮れかかる夕べの野みちの寂莫の足摺り」、「靴のなかには、大地のひびきのとまった叫びごえが、熟れる麦の贈与をつたえる大地の静寂が、冬の野づらの荒れた休耕地にみなぎる大地のわけしらぬ拒絶の揺れ」、「この靴をくぐりとおるのは、パンの確保のための嘆声をあげない心労、ふたたび苦難を克服することができたということばにでないよろこび、生誕の到来による武者ぶるい、死の威嚇による戦慄の揺れ」を生々しく感じ取っている。それに対して、「穿かれていないからっぽの靴をながめるとしましょう」と言い、「そんなことをしているうちは、道具が道具であるということは、しんじつ何であるか、いつまでたってもそれを識ることにはなりません」と、その違いについても述べている。そして、「ヴァン・ゴッホの画は、道具、すなわち一足の百姓靴がまことに『有る』ところのものを開いているのです。この有るものがその有のあからさまへでてくるのです。有るもののあからさまを、ギリシャ人はアレーテア「かくれていない」とよびました。僕らはこれをまことと言います。」と、「有るもののあからさま」すなわち「アレーテア「かくれていない」」を、「まこと」と言い、芸術の真理性を指摘しているのである。ここに、ハイデッガーは、「芸術の本質は有るもののまことがじぶんを作ることへおくこと」と、結論づけているのである。さらにハイデッガーは、まこと（真理）と美について、

〈ここでのべられているまことは、有るものとしての有るもののあからさまでありま す。まことは有のまことであります。美はこのまことの同列にはありません。まことは作ることにおかれるときに現象となります。現象となるということが――作品のうちのまことのこの有として、そして作品として――美であります。それで美しいものはまことができあがることに属します。美しいものはただ快感に対して相対的であるばかりで

はありません。ただ快感の対象としてあるのです。……〉[5]

と述べ、芸術の真理と美についてのかかわりを説いている。また、芸術と現象学についでは、中田基昭氏は『教育の現象学』のなかで、

〈芸術を以上のように現象学的にとらえるならば、芸術とは、本来、美的享受のためのものではなく、素人にはとらえられないところの、非隠蔽性という意味での真理の開示に奉仕するものであることになる。もしそうでなく、芸術がたんに美的享受のためだけのものならば、芸術家が自分の作品を生み出すために、非常にきびしい訓練を自らに課すことの意味を、あるいはときとして自分を破滅させるほど、たえずより以上のものを求めてやまない彼らの情熱を理解することはできないであろう。すると、芸術と現象学は基本的には同じことになり、ただ真理を開示するための表現方法が両者の間で異なっているだけでしかないことになる。[6]〉

と、芸術の本質が真理の開示に奉仕するものであることを強調している。

斎藤喜博は土屋文明の考え方に大きな影響を受けたことは、これまでにも記述してきたが、土屋文明の歌をとりあげ、「先生の歌に『ただまことあることを君信ぜよ残る齢をわ

れも励まん』というのがありますが、ああいう先生の考え方や生き方が私のなかに強烈にはいってきていた」[7]と語っている。ここに表現されている「まこと」こそ、斎藤喜博の芸術観の真髄だったのである。

平成十八年の三月に私は、斎藤喜博の研究のために島小を訪れる機会があった。校長室には上野省策氏の画「靴の静物」が掲げられていた。この画は「軍靴」の絵であったが、ゴッホの『一足の百姓靴』と全く同じように如実に「まこと」が表現されていた。上野省策氏のこの画はハイデッガーの『芸術作品のはじまり』が著される前に描かれている。斎藤喜博も上野省策氏もすでに、ハイデッガーの現象学的な発想をしており、芸術の本質をつきとめていたのである。

［注］

（1）上野省策編　『斎藤喜博と美術教育』　一莖書房　一九八四年　七三～七四頁
（2）上野省策編　『斎藤喜博と美術教育』　一莖書房　一九八四年　八二頁
（3）斎藤喜博　『斎藤喜博全集４「授業入門」』　国土社　一九六九年　一二五～一二六頁
（4）M・ハイデッガー　『芸術作品のはじまり』　菊地栄一訳　理想社　三一～三七頁
（5）M・ハイデッガー　『芸術作品のはじまり』　菊地栄一訳　理想社　一一六頁
（6）中田基昭　『教育の現象学』　川島書店　一九九六年　二〇九～二一〇頁
（7）斎藤喜博　『斎藤喜博全集別巻２「教育と人間」』　国土社　一九七一年　一〇頁

第三章

斎藤喜博の『わたしの授業』における芸術性

斎藤喜博は、学校現場を離れてからも、各地の小・中・高等学校で授業をしている。ただ、その授業は、その学校の先生たちや研究仲間に見せるためのものであり、一般公開はしていなかった。つまらない誤解を受けたり、形式的・表面的に真似をされることを恐れたと言っている。(1) こんなことから、斎藤喜博の授業はテープやビデオに残していなかった。ところが、昭和四十九年に宮城教育大学の専任教授になり、教授学のゼミを担当することになり、授業分析のために、録音テープやビデオをとることにし、実践事例がかなりたまっていた。でも、斎藤喜博は、文章化された記録、録音テープ、ビデオには、実際の授業と違い、教師と子どもとのそのときどきの事実にしたがって、豊かに複雑に展開していく姿が現されないと、かたくなに拒否続けていた。(2) そんなとき、宮城教育大学の高橋金三郎氏から、「文字化された記録は、どんなに完璧に記録をとったとしても、それを読んだ九十九パーセントの人には理解されないものである。しかし残りの一パーセントの人が、その記録から読みとり、後の人に伝えたり、拡大したりしていくものである。」と言われたことから、記録を出すことを決心したと、言っている。(3)

ここでは、このように斎藤喜博にとっては不満のある『わたしの授業』の文章記録からではあるが、斎藤喜博の芸術的教育の本質を探るために、授業実践の実際を分析していきたい。幸いに、斎藤喜博は、自分の教育実践にもとづく著書をたくさん著しているので、その著書を指標として斎藤喜博自身が行った授業に見られる芸術性を明らかにしたい。

『わたしの授業』は、国語、体育、音楽の授業記録だけであるが、斎藤喜博は、自分の体験から、この三つの教科が学校教育をすすめていく場合に非常に重要になると考えていた。(4)

第一節　国語――「坂本遼『春』」の授業に見られる芸術性

斎藤喜博が残した『わたしの授業』のなかの国語の授業は、領域別にみると、短歌や俳句をふくめた「詩」の授業が十八事例、「物語」の授業が三事例であり、ほとんどが短詩の授業である。ここでは「坂本遼『春』」の授業を取り上げる。斎藤喜博は、「坂本遼『春』」の授業を小学生、中学生、大学生のそれぞれに行っており、『わたしの授業』のなかに、五つの事例記録を残している。昭和五十年十月二十五日に宮城教育大学附属小学校三年生の授業、(5)昭和五十年十月二十四日に宮城県松山中学校一年生の授業、(6)昭和五十一年五月十四日に十和田市三本木中学校二年生の授業、(7)昭和五十一年六月十一日に横浜市富士見中学校三年生の授業、(8)昭和五十二年七月八日に都留文科大学三・四年生の授業(9)である。どのように子発達段階のちがう小学生、中学生、大学生に同じ教材を用いた授業である。どのように子どもたち、生徒、学生に対応していくかが大変興味深い。斎藤喜博が『授業入門』や『授業』のなかで述べている授業の芸術性と対比して、斎藤喜博の芸術的教育の本質を明らかにしたい。

春　　坂本　遼

おかんはたったひとり
峠田のてっぺんで鍬にもたれ
大きな空に
小ちゃいからだを
ぴょっくり浮かして
空いっぱいになく雲雀の声を
じっと聞いているやろで

里の方で牛がないたら
じっと余韻《ひびき》に耳をかたむけているやろで

大きい　美しい
春がまわってくるたんびに

おかんの年がよるのが
目に見えるようで　かなしい
おかんがみたい

1、イメージづくり、リズムづくり

まず、斎藤喜博は子どもたちに何遍も朗読させることから始めている。小学生や中学生には読めない字が出てくるが、「読めないところは『何々』と読めばよい」とか、「考えて読んでください」と言って、どんどん読ませていっている。宮城教育大学附属小学校三年生の授業(5)では、

——子どもたち各自で一回読む。

教師　もう一回読んでみてください。それからね、読めない字をね、今度はこういうことをやってもらいましょうか。私はこういうふうに読んでみましょうかって、みなさんが考えて読むの。教わらない子も。そういうふうにやってください。今度は「何とか」ではなく、考えて読んでください。

——子どもたち、ふたたび各自で読む。

子ども　峠《やま》のてっぺんで……

教師　おお、うまいこと考えたね。
子ども　峠《やま》のてっぺんで。
子ども　ぼくと同じことだ。
子ども　峠《とうげ》のてっぺんで……
教師　おお、いいですよ。
――子どもたち、何回も読んでいる。だんだんよい読みになる。読んでいる途中で教師は次のようにいう。
教師　はい、ではね、みなさんが工夫した読み方で読んでもらいましょう。三番目の男の子。
――子ども（男児）（朗読）〈春／おかんはたった一人／やまのてっぺんで／くさにもたれ／大きな空に／小っちゃいからだをぴょっくりだして／空いっぱいになくクモスズメの声をじっと聞いているやろで／里の方で牛がないたら／じっとひびきに耳を傾けているやろで／大きい美しい春がまわってくるたんびに／おかんの年がよるのが／目にみえるようでかなしい／おかんがみたい〉（たいへん早口で、はっきりと読む）
教師　うーん、うまいねえ。はい、では反対側の人読んでください。みんな考えてるね。「雲雀《くもすすめ》」なんてうまく考えたね。

どちらかというと、小学校三年生ということで、リズムということよりもイメージづくりに重点が置かれていた。読めない字の扱い方は、子どもの関心をひきつけて、イメージづくりに役立てていた。読めない字は、「『何とか』でなく『考えて読みましょう』」として、この詩に対するイメージづくりをしていっている。それで子どもたちは、「峠」を「やま」と読み、「鍬」を「くさ」や「かね」と読み、「雲雀」を「すずめ」とか「くもすずめ」と読み、直観的に自分から詩に対するイメージづくりをしているのである。斎藤喜博が『授業』のなかで言っている「*⑨　芸術教育は知識や常識を教えることではなく、イメージを豊富に咲きみだれさせ、それを感覚として定着させることである。」が、まず、朗読をするなかで実践されているのである。

小学生のこの時期には、シュタイナーもイメージづくりを大事にしている。教師が物語を朗読するのを子どもたちはいろいろと想像を働かせながら聞き、それを大きなノートにクレヨンで絵を描く「フォルメン」の授業が盛んに行われているのである。イメージづくりを通して感情を豊かにする発想は、斎藤喜博もシュタイナーも共通して持っていたのである。

また、この授業展開において斎藤喜博は、「おお、うまいことを考えたね」とか「うーん、うまいねえ。はい、では反対側の人読んでください。みんな考えてるね。『雲雀《くもすずめ》』なんてうまく考えたね。」とか言い、斎藤喜博の人間的な暖かみが感じられるのである。『授業入門』のなかで、「⑥　私の見ているよい先生は、みな、教え方にも、心のふくらむような暖かいものがにじみ出ているし、人と人との心のふれ合いも微妙だし、子どもの感情や思考の動きなども的確に、暖く、よく読みとる能力を持っている。子どもも同じである。このことは、芸術の世界で、自然や人間と向かい合ったとき、それらと即座に交流し、対象を的確に把握し、新しい一つのものを創造していく態度に似ている。すばらしい授業、気持よい授業は、みなそういうものを持っている。」が、ぴったりあてはまる授業展開である。

横浜市富士見中学校三年生の授業[8]では、

教師　こんどはあなたが読んでください。

——生徒（男子）、朗読。

教師　いまの人はね、第二連のね、「じっと」できったでしょう。これはいままではじめてです。だからそういう読み方もあるんだなあと思います。

みなさんもきいていて、「あ、あの人は、ここのところをこう読んだなあ」と気をつけてくださいね。第三連を「大きい」できって、「美しい」できって、「春がまわってくるたんびに」と、みなさんは読んでますね、こういう読み方もありますよ。〈大きい（ゆっくりと大きく読み、二拍おく）美しい春がまわってくるたんびに（ひとい

きに流れるように読む）〉

「大きい」できったら、「美しい春がまわってくるたんびに」とつづけて読みます。詩というのは、行かえしてありますが、その通りに詩人自身も読まないんです。詩をかくときには、活字の字面でもってきったりしていますが、朗読のときはそのとおりでなくてもよいのです。この場合も、「大きい」できって、「美しい春がまわってくるたんびに」と、ひと息につづけて読むほうがよいかもしれません。そのためには、「大きい」を胸をひろげて大きく読み、息をはき出すような気持で「美しい春がまわってくるたんびに」と一気に読むと、音楽と同じにリズムが出ます。

教師　いまの人、そこだけ読んでみてください。

——生徒、朗読。

教師　うん、そうそう、それでいい。

教師　そこのところ「美しい春」のところを、もっとひろげられる人いるかな。

教師　はい、その側の三番目の人、そこだけを読んでください。

——生徒、朗読。

教師　どうかな、ひろがったかな、その場合はね、こう読む方法もあるんだよ、「大きい、美しい春」と読むとひろがらないから、「オーキー、……ウックーシー春が」と、こう、美しいひろびろとした春を頭に描きながら読む方法もあります。

と、リズムの大事さを強調していっている。具体的に、「『大きい』を胸をひろげて大きく読み、息をはき出すような気持で『美しい春がまわってくるたんびに』と一気に読むと、音楽と同じリズムがでます。」と、身体を使ったリズムの出し方を指導している。かなり本格的な指導になってきている。

都留文科大学の三・四年生の授業(9)では、

学生たちは読めない漢字はないので、授業の最初の段階から、いろいろな読み方を工夫させて、そのリズムからイメージを想定させる授業を展開している。

「……それでこんどは、友だちが読んだら、みなさんは、その意味はどこがよかったか、どこを、どうしたらいいだろうかっていうのを頭で覚えてください。」と言って、学生にたちに読ませていくのである。まず、ひとりの学生が自分のイメージに基づたリズムでこの詩を読んでいく。次の学生はまた自分のイメージに基づいたリズムで、同じ詩を読んでいく。どこに二人の読み方のちがいがあったのか。そのちがいを記憶して指摘することをしていくのである。的確なリズム表現と聞きとり方の学習である。ここには、かなりの鋭い感性が要求されるが、学生たちは、朗読する他の学生のリズム表現をよく聞き、そのちがいを指摘していくのである。斎藤喜博は、「はい、あの、いまそうとうちがいがありましたね。さあそのちがいを出してみて。こういうときはやっぱり、記憶力が非常に必要になる。……どう？　そちらの男の子。」というのである。つまり、『授業入門』のところで、

「⑧　すぐれた教師はみんな、子どものつまらないような発言や表情を、のがさずするどくとらえ、それを取り上げ、その子どもが思いもかけないような次元へと、転化してしまい、そのことによって、その子どもを変革させ、また学級のみんなを変革していくものである。」とか「⑨　すぐれた教師は、必要なときに、必要なものを、よく自分の記憶のなかからくり出し、使っている。」のように、子どもの発言をするどくとらえ記憶することの大切さを強調し、創造的な授業をしていくときの条件の一つを教えるのである。さらに、何人かの学生の朗読の仕方がいろいろと話題となっていったが、なかでも、「大きな空」というところをどう表現するかについて、斎藤喜博は学生と身体を使って議論するのである。

教師　「大きい、美しい春がまわってくるたんびに」のところ、そこが前の人とちがってきているわけだけどさ、まだありますか。……

それではね、「大きな空」というのを、いま読んだ人たちのは三色《いろ》ぐらいになっていましたね。〈大きな空〉（右手を身体とともに左から右上のほうへ動かし、目は右手の動きを追っていく動作）ともっていった人と、〈大きな空〉（右手を左から右の方へ水平に移動させ、目で右手の動きを追っていく動作）ともっていった人と、大きくわけるとこの二色《いろ》があったわけです。そのほかに読み方はないですか。〈大きな空〉とこうもっていく（動作）〈大きな空〉とこうもっていく（動作）。そのほかにもう読み方はありませんか。……

（男子学生挙手）

教師　はい、そこだけ読んでみてください。

学生　〈大きな空〉（強調点がはっきりしない）

教師　はじめのほうにウエイトをかけたわけ？　〈大きな空〉と、〈大きな空〉と。（「おおきな」を強調して言う）え？

学生　ゆっくり読んでいった。

教師　ははあ。いまのばあいだと（黒板に近づいて）こういうふうにね、〈大きな空〉とこうもっていった（↷　と板書）〈大きな空〉と、（→　と板書）こうもってきたように聞こえたんだけど、そうでなくてゆっくりという意味だったわけね。あの、こういう読み方もあるわけだけどさ。いまあなたのばあいはこういうふうにちょっと聞こえたわけ。これも一つの読み方ですね。今の人は意識的にはゆっくり読もうとしたってことですね。

　まだありますか、その「大きな空」のところ。……

――学生たち考えている。

教師　「大きな空」でもこういうのもありますよ。〈お――おきな空に〉、〈おーおきな空に〉（ゆったりと強調）と空に全部イメージをつくっていって、自分の身体で〈おーおきな空に／小ちゃいからだを／ぴょっくり浮かして〉と、これだと少しリズミカルになってくる。〈おーきな空に／小ちゃいからだを／ぴょっくり浮かして〉ともってくるやり方もある。（この時の動作。〈おーきな空に〉では両腕のヒジを軽く折って、胸をうんと広げ、空を仰ぐような感じになり、〈小ちゃいからだを〉で両手を胸のところで何か大事なものをつかむようにあわせ、身体を小さくすぼめて少し前かがみになる。そして〈ぴょっくり浮かして〉で両手をそのままの形で前へ差し出すようにしてひざを伸ばす）だからみなさんの、こういう読み方のばあいでも、こういう読み方でも、こういう読み方でも、（以上、板書を示しながら）いまの私が読んだ読み方でもいいから、少し表情をつけて、いろいろ身体でやってみてください。その場所で少し自分の身体をつかって。

——学生たち、その場で小さな表情をつけてやってみる。

教師　立ってやってみるといいか知れないですよ。その人たち。……そこじゃできない。やっぱりこう表現力の問題ですね。これはね、東野英治郎だったか、だれだったか忘れましたが、自分がまだ若いかけだしの俳優のときにね、先輩の俳優の演技をかぶりつきへ行って毎日みていたんだって。その先輩の人が、手をこう、ふわっとやると、広い空間が表現されてしまう、それが大変勉強になったというようなことを書いているんです。手のつかい方一つでちがってしまうというんです。
みなさんが朗読する場合も同じで、身体で表現できないと、朗読もできないんです。
……。

と言って、身体をつかって表現することの大切さを、学生たちに強調している。この授業には、都留文科大学の箱石泰和氏も立ち会っており、後日、雑誌「事実と創造」に論文「テンポとリズム」や「言葉・リズム・身体」を載せている。[10]箱石氏によれば、リズムというものは、単なる拍子のような周期的反復ではなく、東野英治郎氏の言葉を引用し、ある一つの場面が「終わった瞬間」が「次の新しい瞬間への足がかり」になるような、「生まれては消え去る一連の連繋がスムーズに」必然的に展開していくような流れであり、言葉や動作という小さな単位で考える場合も同じことと言っている。[11]また、このリズムづくりにあたって、斎藤喜博の指導のように、身体の動きや使い方が重要な意味を持つと言い、リトミックの例から、ダルクローズの「リズムは動きである」や「リズムは本質的に身体的なものである」を引用している。[12]

ここでは、詩を朗読するときのリズムについていろいろと議論しているが、斎藤喜博は一時間の授業展開のなかでのリズムの重要性については、次のように語っている。「＊③リズムを大切にするということも、授業のなかに創造と発見を創り出すために、忘れてはならないことである。すぐれた授業展開には、必ず生命を持ったリズムがあり、新鮮ないぶきがあり、ドラマ的なものがある。」と、生命を持ったリズムということを強調している。

このことは、シュタイナー学校の教師であったリンデンベルグも『自由ヴァルドルフ学校』のなかで、「本当にリズムのある授業には、退屈は生じ得ない。教師は緊張と解放とが交替し、真剣とユーモアとがバランスを保っている授業を作り出さなければならない[13]。」と述べているのである。

2、コミュニケーションと論理的思考

イメージづくりとリズムの取り方が一段落すると、こんどは、「はい、とてもいいね。じゃあね。今度はどんなことがこのなかに書いてあったか、言ってもらいましょう。」と、内容の理解に入っていった。ここからは、子どもと教師、子どもと子どもの学級全員がコミュニケーションしていき、ぐんぐん新しいイメージを描かせながら、理論的に追求していく展開になっていくのである。子どもは、「うーん、わかんないな……」と言いながらも、「あしたは遠足で、海のほうへバスに乗って行きます。……そういうことが書いてあったか?」とか、「一言ぐらいでもいいですよ。」などと言われ、「うーん、かなしいおかんがみたい。」などと答えたり、「おかんは……何かの……音

を……うんと、どういう……音でも……きいている……(とつとつと、とぎれとぎれ言っている)

これに対して、教師は「なるほど、うまいこと言うね。こりゃたまげたなあ。おかんはね、どういう音でも聞いてる、音を聞いてるってね。どんな音があったの?」と追求すると、子ども「うーん、雲雀《くもすずめ》の声と、さ……との方で……牛の……なく声。」教師「なるほどね、雲雀《くもすずめ》の声と、牛のなく声を聞いているんだって、いいねえ。」このようなやり取りが続いていき、ぐんぐん内容の理解が深まっていった。「かなしいおかんがみたい。」ということについては、「どうしておかんがみたいっていうふうになったの?」と発問していき、子どもたちから「さみしいから……」という反応に、「うまいこというなあ。」ときりかえしながらも、「この文章の中から考えてください」とか「春がめぐってくるたんびに」の「たんび」に着目させたり、論理的な思考をさせ、「大きい美しい春なのに、どうしてかなしくなるの?」と本質にせまる思考をさせていた。つまり、斎藤喜博が『授業入門』のなかでいう「⑦(授業には)子どもの変化に応じて、とっさに働く力が教師にないと、子どもは思うように高まっていかない。」や、「⑧すぐれた教師はみんな、子どものつまらないような発言や表情を、のがさずするどくとらえ、それを取り上げ、その子どもが思いもかけないような次元へと、転化してしまい、そのことによって、その子どもを変革させ、また学級のみんなを変革していくものである。」や、『授業』のなかの「*⑪

教師をふくめた学級全員でコミュニケーションを起こしながら、つぎつぎと新しい次元へと変革していくような追求的な創造的な授業は、それ自体が芸術的な性格を持っている。」や「「＊⑫ すぐれた授業は、原理原則を先に立て、それを公式的形式的に押しつけていく、もしくは学びとっていくものでなく、子どもたちや教師の、さまざまの解釈を積み重ねていき、一つの論理なり、証明なり、考え方なりを、学級のなかに、また教師や一人ひとりの子どものなかにつくり出していくものである。」や「＊⑬ 子どもの発想や思考は、極めて感覚的であり、そのなかに、素朴ではあるが、大事な論理や真理をふくんだものが多い。したがって、子どもが感覚的につかんだものを材料にし、それを追求していくことによって、論理的なものをとらえたり構成したりすることができる。」が実践化されていると考えられるのである。

中学生の授業の場合も同じようにイメージづくりとか、リズムの取り方の指導が終わると、「大きな空に、小ちゃいからだを、ぴょっくり浮かしていたのは誰なのですか?」と、内容の理解に踏み込んでいった。斎藤喜博はこの辺の授業展開について、『授業』のなかで、「＊⑪ 教師をふくめた学級全員でコミュニケーションを起こしながら、つぎつぎと新しい次元へと変革していくような追求的な創造的な授業は、それ自体が芸術的な性格を持っている。」や「＊⑬ 子どもの発想や思考は、極めて感覚的であり、そのなかに、素朴ではあるが、大事な論理や真理をふくんだものが多い。したがって、子どもが感覚的につかんだものを材料にし、それを追求していくことによって、論理的なものをとらえたり構成したりすることができる。」と述べている。教師が「『じっと聞いている』ときには、おかんはどんな気持でいるのですか、『さびしい』かな、『うれしい』かな、『かなしい』かな、みなさんはどう?」と追求して、生徒たちの考えを深めていくのである。

さらに、「じっと聞いているやろで」のところにはいり、「里の方で牛がないたらじっと余韻《ひびき》に耳をかたむけているやろで」では、牛の「モーオー」という鳴き声を、どこの部分に耳をかたむけたかを考えさせていき、後に坂本遼の「牛」の詩を紹介して、おかんの複雑な気持まで理解させることを試みているのである。そして、最後のところでは、「さあそれでは一回声を出してめいめい読んでください。」と言って、詩の本来の読み方に立ち返り、一人一人の生徒が自分の解釈によるイメージを持たせた朗読をさせるのである。これも斎藤喜博は、『授業』のなかで、「*⑫ すぐれた授業は、原理原則を先に立て、それを公式的形式的に押しつけていく、もしくは学びとっていくものでなく、子どもたちや教師の、さまざまの解釈を積み重ねていき、一つの論理なり、証明なり、考え方なりを、学級のなかに、また教師や一人ひとりの子どものなかにつくり出していくものである。」と述べているのである。

都留文科大学での授業では、内容の取り上げ方・深め方について斎藤喜博は、学生たちに具体的な指導を通して、授業展開のポイントを示している。教師をふくめた学級全員でコミュニケーションしていき、新しいイメージを描かせながら、論理的に追求していく展開をしている部分としては、次のようなところがある。

教師　それで今度はね、詩の内容の問題ですけれども、「おかん」ってのはわかりますか。（学生「おかあさん」とつぶやく）お母さんね。で……「たった一人峠田のてっぺんで鍬にもたれ」というのは、どういう絵をみなさんは頭にえがきますか。「おかんはたった一人、峠田のてっぺんで鍬にもたれ」っていうの。……絵をかいてみてください。あなたかいてみてくれる？（と、女子学生に言う）ここに（黒板をさして）略図をかいてみて。

学生　（立ち上がって）都留のね、山……

教師　うん、だからかくほうがはやい。（笑い）

——学生、小走りに前に出て黒板に絵をかく。

学生　これが道で、この辺からこう小ちゃな畑。三角みたいな四角い……あんまり四角い畑じゃないんですけど、三角とか。

……（下図）

教師　そうすると、この道はここを越えていくわけ？

学生　越えるか越えないような。……だんだん細くなっちゃうん

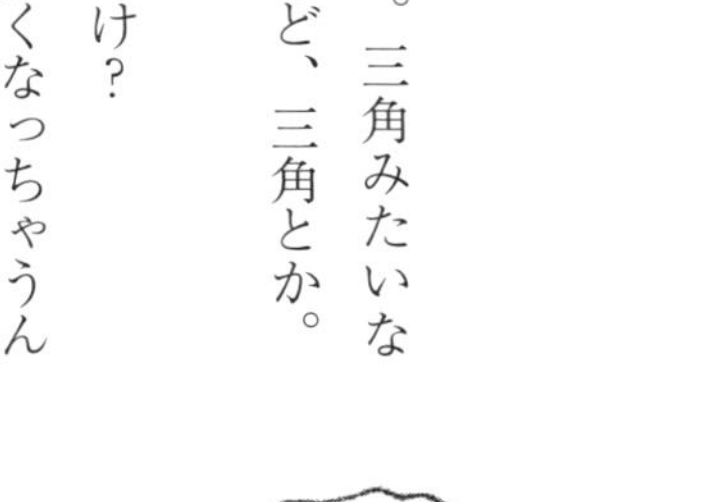

です。

教師　とぎれちゃう？　他の人はどう？

——学生たち、何かつぶやいている。

教師　あなた（同じ女子学生に）もう一回出してみて。今、手を上げて言ってたから。

学生　峠田……。やっぱり峠まで行っちゃわないとまずいのかな。（笑い）

教師　峠田だから、とにかく峠越えはするわけね。あの、むこうへ道は行ってるわけでしょ。向こうまで行ってる。その峠にある田ですね。だから道は当然行ってる。これでいいでしょう。

それで、ここにこういう田がある。（板書の絵にかきこむ）「峠田のてっぺん」というのはどういうこと？「峠田のてっぺん」……みなさん……（学生たちが数人何かつぶやいているが、よくききとれない）

教師　あなたは？

学生（女子）　たくさんの田んぼがあるうちの、そのうちの一番上の田んぼ。

教師　なるほどね、これがもっとこうあって（板書にかきこむ）この一番上にある。そうするとこれで絵はできたわけね。それで「鍬にもたれ」。鍬にもたれているときには、何を考えて、どんな状況でいたわけ、このおかんは？　……そこへ、これはイメージですから想像を出してください。悲しんでいたもんだかな、よろこんでいたもんだかな、うきうきしていたもんだかな、さ。それでそれをみなさん想像をする。（女子学生挙手）はい。

学生　仕事が一段落ついて、ほっとひと息ついている。

教師　はあ、いま、仕事が一段落ついてほっとしているというのが出てきましたね。（「ほっとして」と板書）

まだありますか？　……いろいろ出してみて、これは想像だから。いいですよ、どういう想像でも。あなたは？

学生（女子）　ものおもいにふけっている。

教師　ものおもいにふけっている（その左隣に「ものおもい」と板書）はい、ほかの人は、はい、どんどん出してみてください。

学生（男子）　むすこをおもい出している。

教師　むすこをおもい出している（その横に「むすこ」と板書）むすこをおもい出している。

学生（男子）　あの、春ということで、これから農作業がはじまるんだな、というか、その、何といったらよいか、いきごみというか、決意をあらたにするというか……。

教師　なるほどね、いきごみがある（「いきごみ」と板書）。これから仕事をする気ぐみですか、いきごみってのはね、そんな内容ですね。「これからおおいに働くぞ」といういきごみがある。……さまざま出てきましたね。こういうふうにいっぱい出てくるといいわけです。生徒からこうにいろいろ出させて、今度は、きのうからの説明のように、これを手がかりにして授業を構成し展開していくわけです。……もうない？こんなところで締め切りますか。ほかにない？（女子学生挙手）はい。

学生　春の空気のあたたかさを身体で感じている。

教師　あたたかさ。……（「あたたかさ」と板書）そうすると、おかんの心も大変あたたかい気持になってるわけ、なごやかな気持になってるのね。ほう。「ほっとしてる」「ものおもい」「むすこをおもってる」「いきごみ」「あたたかさ」……。そうすると、ここでちょっとちがうのは、「ものおもいにふけっている」「むすこのことをおもい出してる」、このむすこのことを思い出しているの内容は？　むすこのどういうことをおもっているの？

朗読のときのリズム指導が一段落して、いよいよ詩の内容の考察に入っていく段階になり、まず、「『おかはたった一人、峠田のてっぺんで鍬にもたれ』というのは、どういう絵をみなさんは頭にえがきますか。」と切り出し、イメージを描かせることをしていった。

斎藤喜博の『授業』のなかの「＊⑪　教師をふくめた学級全員でコミュニケーションを起こしながら、つぎつぎと新しい次元へと変革していくような追求的な創造的な授業は、それ自体が芸術的な性格を持っている。」の実践化なのである。どうも、指名された学生は、峠の理解が不十分であるようで、まず、峠のイメージを持たせながら、「峠田のてっぺん」を黒板の絵で確かめながら、学生同士でコミュニケーションを起こし深めている。「鍬にもたれ」に移り、「鍬にもたれてるときには、何を考えて、どんな状況でいたわけ、このおかんは？　……」と言って、おかんの気持ちを想像させていく。学生たちはイメージをふくらませ、さまざまな発想をしていく。「仕事が一段落して、ほっとひと息ついている」とか「ものおもいにふけっている」とか「むすこをおもい出している」とか「春になり、農作業がはじまるんだという、いきごみ」とか「春の空気のあたたかさを身体で感じている」とか。ここで斎藤喜博は、授業展開の仕方を「生徒からこうにいろいろ出させて、今度は、……これを手がかりにして授業を構成し展開していくわけです。」と学生たちに指導しているのである。

3、より高い次元に

横浜市富士見中学校の授業では、万葉集から志貴王子の「石走る垂水の上の早蕨の萌え出ずる春になりにけるかも」を引用して、「大きい、美しい春がまわってくるたんびに、おかんの年がよるのが、目に見えるようでかなしい」の理解を一層深めている。普通ならば、この和歌で詠っているように、「大きい、美しい春」が来れば、誰だって嬉しくなるだろうが、「どうして春がまわってくると悲しいんですか?」と生徒たちに投げかけ、この詩の表している深い意味、春が美しければ美しいほど、いっそう悲しくなる気持ちに迫らせようとしているのである。

また、坂本遼の「牛」の詩「おかんは怒ったが/但馬(たじま)からの神戸の屠殺場へいく牝牛を呼びとめて/うちの牛にさかってもらうた/今日のおらの旅費に牛を売った/おかんとおらは牽かれていく牛見て涙出た/牛は腹に子をはらんで/またどこやの監獄へいった」も引用し、「里の方で牛がないたら、じっとひびきに耳をかたむけているやろで」のイメージを一層豊かなものにしていっている。貧しいおかんが旅費をつくり出すために、子をはらんだ牛を売ったときの詩を紹介することによって、この「じっとひびきに耳をかたむけているやろで」のイメージを大きく広げようとしているのである。

都留文科大学での授業では、学生に学習内容を一層深く理解させたり、豊かなイメージを持たせるために、斎藤喜博は、大伴家持の和歌「うらうらに照れる春日にひばりあがり/心かなしも一人し思へば」を引用している。学生たちにおかんの気持ちを考えさせたとき、「ものおもいにふけっている」と言い、「うれしいとかかなしいとかそういうはっきりしたものではない」という学生の応えに対して、この和歌を引用し、この気持ちを他の学生にもわからせようとしているのである。また、後半には、おかんが旅費をつくり出すために、牛を売った坂本遼の別の詩(前引用)の話も紹介し、「里の方で牛がないたら、じっとひびきに耳をかたむけているやろで」のイメージを一層豊かなものにしていっている斎藤喜博が引用する和歌とか詩について、都留文科大学の授業のなかで「いまの家持の歌も、私は別に予定してここに来ているわけではない。そのときにとっさに出てくるわけですね。知識をたくさん持っているほど、そういうことが教師にできます。そして生徒にわからせ、生徒を豊潤にしていくわけですね。」と話していた。

つまり、『授業』の「*⑦　一つの教材をつかって、……高い世界へ上がった子どもたちが、またいきおい込んで学習し、さらに新しい高いものを発見したくなるような、すぐれた高い教材をさがしてくることが必要になる。」、「*⑩　芸術作品と教師とのかかわり合いが深ければ深いほど、芸術そのものが深く子どもとかかわり合いを持つような指導をしていくことができる。」、『授業入門』の「⑦（授業には）子どもの変化に応じて、とっさに働く力が教師にないと、子どもは思うように高まっていかない。私はこれを『実践でのとっさのチャンバラ』と言っている。」は、これらの授業のなかで実践化されているのである。

第二節　体育——「腕立て閉脚とび」の授業に見られる芸術性

斎藤喜博は体育の授業も重視し、全国各地で授業を実践している。『わたしの授業』には、「マット運動」が十五事例、「跳箱運動」が十四事例、「行進」が九事例、「準備体操」が二事例の記録が掲載されている。ここでは、昭和五十二年二月十五日に神戸市立志里池小学校三年生に行った「腕立て閉脚とび」の授業を芸術性の観点からの分析を試みた。[14]

1、体育における「教師の美意識」

この授業のなかで斎藤喜博は、「身体を柔らかく」とか、「流れがあった」とか、「踏み切りきれいだったね」とか、「いい姿勢だ」とか、「とても汚い」という言葉を多発してる。これは、体育の授業に対する斎藤喜博の「教師の美意識」が判断基準になっているからである。

体育の授業について斎藤喜博は、昭和五十一年に『授業の可能性』に「教師の美意識」という芸術的教育を書き加えている。マット運動や跳箱運動に対する教材イメージは、「リズムがあり、合理があり、内容があるものが美しい」という「教師の美意識」が基になっている。[15]

子どもたちの多くが四段の跳箱を跳べるようになり、もう一段上げて五段にし、跳箱と踏切板の間隔を広げて跳ばせたが、

――（跳箱五段になり、跳箱と踏切板の間隔も広くなる。）

教師 （子どもの後ろに立って肩に手を置き）はい、大きく息を吸って。はい。
（子ども、スタート。斎藤先生伴走。少しお尻をひっかける。）
教師 おお、きれいだ。いいでしょう。今、ここに（お尻が）かかっているけど、流れにリズムがあるから、全然危険感がないわけですね。

と、お尻をかけた子どもに対しても、「きれい」と言い、「流れにリズムがあるから、全然危険感がないわけですね。」と評価している。これも体育における「教師の美意識」に基づいているのである。斎藤喜博は、「体育は自分を調整し自分を守れるようにすることに一つの目的がある。そのためには自分の身体を自分の意志によって自由にできるようにしなければならにはずである。そうなったときの動作なり運動なりには、必ず美しいものがあり、リズムがあり、合理がある。他に見せようとする意識があったり、荒々しく着地し、助走に失敗すれば演技をやめてしまうようなものにはそういうものはないはずである。[16]」と言い、斎藤喜博の体育に対する「教師の美意識」には、「リズム」があり、「合理」があり、「内容」があり、「安全」があるのである。つまり、「美しさ＝リズムがある＝合理がある＝内容がある＝安全がある」なる公式が成り立っているのである。だから、お尻をかけた子どもに対しても、「きれい」と言い、「流れにリズムがあるから、全然危険感がないわけですね。」と評価しているのである。

一方、うまく跳べて、「腕自慢をする子」に対しても、

教師　大変汚いですね。とび越しいいですよ。とび越しは大変いい力を持ってるんだけども、身体がバラバラになってしまっていて、一つにならないわけだ。一つになれば（走ってみせながら）ポーンポーンポーンポーン……。手なんか振らなくてもいいんです。（速く）ポンポンポンポンポン……。（さらに速く小刻みに）ポンポンポンポンポン……。こういうふうにね。手は手、足は足と別々になってるんではないんです。人間の五体を美しく自由にしていく、そういう練習をしないとだめだね。はい、次の人。（次の子、助走開始。）

と、斎藤喜博は、ただ跳べたということを美しいとは思ってはいないのである。「とび越しは大変いい力を持っているんだけども、身体がバラバラになってしまっていて、一つにならないわけだ。」と言い、斎藤喜博の体育の美意識の公式「美しさ＝リズムがある＝合理がある＝内容がある＝安全がある」に合っていないことを指摘しているのである。

斎藤喜博は、体育という教科を「すべての子どもたちが、自分の身体を大切にし自分の身体を守り育てるために、自分の身体を自分の意思によって自由に駆使できるようにする方法や技術を学ばせることである。[17]」と考えているのである。つまり、斎藤喜博の体育に

おける「教師の美意識」は、この体育の教科の目的を実現するためのものなのである。

2、運動リズムのイメージ化

斎藤喜博は、体育における「教師の美意識」に基づき、跳箱運動における一連の「スタート→助走→踏み切り→とび越し→着地」の流れ（運動、リズム）を重視している。実際に子どもたちに、スタートから助走していくときの運動リズムをイメージ化して次のような指導をしている。

教師　とび越しはきれいだったんだけどね。皆さん見ていてわかる？　スタートのとき力を入れて（身体を固く身構えてみせながら）こうやってる。そこで助走のときになったら（息を）吐いちゃってる。（やってみせる。子どもたちにこにこする）反対になるわけ。スタートのときには柔らかく息を吸い込んで、身体の力をみんな抜いちゃってフワーッとしている。（弾むように流れるように、だんだん加速して走ってみせながら）トントントントントントン、ポーン。こういうようにやる。それを、（初め意気込み、しだいにフニャフニャとなる助走をみせながら）初めは元気がよくて、だんだんだんだんこうなる。（子どもたち、笑い出す）こういうふうでは、なんにもならない。腰をおとしてだんだん速くしていくわけですね。（もう一回、加速しながら

走ってみせる）

この「トントントントントントン、ポーン。」という表現は、体育における「教師の美意識」の運動リズムをイメージ化したものである。跳箱運動では、子どもたちがこのリズムのある動きのイメージを持つことができるかどうかが、極めて大事になってくるのである。

先の、うまく跳べて、「腕自慢をする子」への指導も、運動のリズムをイメージ化してわからせようとしているのである。

身体が一体になってとび越すことの大切さを、「一つになれば（走ってみせながら）ポーンポーンポーンポーン……。手なんか振らなくてもいいんです。（速く）ポンポンポンポンポンポン……。（さらに速く小刻みに）ポンポンポンポンポン……。」と、この運動リズムをイメージ化して指導しているのである。

これまでに斎藤喜博は、授業におけるリズムの大切さについては、「＊③ リズムを大切にするということも、授業のなかに創造と発見を創り出すために、忘れてはならないことである。すぐれた授業展開には、必ず生命を持ったリズムがあり、新鮮ないぶきがあり、ドラマ的なものがある。」と、授業展開におけるリズムの大切さを強調しているが、身体を動かす体育の授業では、「教師の美意識」に基づく運動のリズムを一層重視しているのである。そして、その運動リズムを子どもたちにつかませるために、リズムをイメージ化させる指導を試みているのである。イメージづくりについては、「＊⑨　芸術教育は知識や常識を教えることではなく、イメージを豊富に咲きみだれさせ、それを感覚として定着させることである。」とあるように、斎藤喜博は芸術教育において大事にしてきたが、体育の授業においては、運動リズムをイメージ化する指導を重視しているのである。

3、子どもの動きを見抜く

教師が授業をしていくときに大事なことは、そのときどきの子どもたち一人一人の表現なり動作なりのなかにあるものを具体的に読み取り、それに即座に対応することである。斎藤喜博の授業では、この対応が見事にできている。この「子どもの動きを読み取る」ことについて斎藤喜博は、「教材に対する解釈やイメージを教師がもつことによって、子どもたちの表現を目に入れ、そのなかにあるものを読み取ることもできる[18]」と言い、教材解釈の重要性を指摘している。ここの授業でも斎藤喜博は、子どもの動きとか表現を読み取り、適切な指導を行っている。

（三人、相次いでとぶ。三人ともとび越す）

教師　今の人、もう一回スタートしてごらん。あのスタート、見てください。

（三人目の子、もう一回助走してきてとぶ）

教師　わかったでしょう。今の人は、構えの姿勢から一歩後ろへさがって（右足を引いて）前へ出る。威勢をつけたわけね。威勢なんかつけなくてもいいんですよ。そんなにさがれば損しちゃう。むしろ、息を吸ってそのまま前へ出る。もう一回やってごらん。……そうそう、身体柔らかく。ほらほら、また！やったでしょ。

助走のとき、子どもが一歩後ろにさがって勢いをつけたことを、斎藤喜博は見逃さなかった。斎藤喜博の跳箱の跳びかたに対する「美意識」は、助走——踏切り—とび越しの流れのリズムであり、この子の助走の仕方が、斎藤喜博の持つ、この流れのイメージとかなり異質だったのであろう。即座に、助走には威勢は必要ないことを指摘したのである。つまり、教師自身が教材に対する解釈のイメージをしっかり持っているかによって、子どもの動きや表現を読み取ることができるのである。前述の「ドタドタと走ってきてとび越す」子に対しても、〈とび越しはきれいだったんだけどね。皆さん見ていてわかる？　スタートのとき力を入れて（身体を固く身構えてみせながら）こうやってる。そこで助走のときになったら（息を）吐いちゃってる。（やってみせる。子どもたちにこにこする）反対になるわけ。スタートのときには柔らかく息を吸い込んで、身体の力をみんな抜いちゃってフワーッとしている。（弾むように流れるように、だんだん加速して走ってみせながら）トントントントントントントン、ポーン。それを、（初め意気込み、しだいにフニャフニャとなる助走をみせながら）初めは元気がよくて、だんだんだんだんこうなる。（子どもたち、笑い出す）こういうふうでは、なんにもならない。腰をおとしてだんだん速くしていくわけですね。〉と、この子のとび方を見抜いている。

斎藤喜博は体育における「教師の美意識」として、『美しさ＝リズムがある＝合理がある＝内容がある＝安全がある』を重視しているが、この子の助走の仕方は、この公式に合わなかったのである。まず、助走を始める前に息を吸うと、身体が柔らかくなり、ケガを避けられると斎藤喜博は言っている。ところが、この子は反対に息を吐いてしまったのである。ここをまず指摘し、息を吸い込んで、身体の力をみんな抜いちゃってフワーッとしていることを言ったのである。このように、斎藤喜博が子どもの動きをしっかり見抜くことができるのは、斎藤喜博自身のなかに「教師の美意識」が公式化されており、その基準に照らし合わせて判断しているからである。つまり、教師に対する解釈やイメージを持つことによって、子どもたちの表現を目に入れ、そのなかにあるものを読み取っているのである。

この授業のなかには他にも子どもの表現や動きを読み取り、適切な指導を行っている場面は随所に見られ、そのことによって子どもたちは変革していっている。つまり、「⑧すぐれた教師はみんな、子どものつまらないような発言や表情を、のがさずするどくとらえ、それを取り上げ、その子どもが思いもかけないような次元へと、転化してしまい、そのことによって、その子どもを変革させ、また学級のみんなを変革していくものである。」が、授業のなかで実践されている。

　斎藤喜博の「事実を鋭く見抜く力」は、後に対比考察する世阿弥が優美な舞のために到達した「離見の見」に通じる境地なのである。

4、より高い次元に

　この授業を進めていくにあたって斎藤喜博は、まず、跳箱のおき方を縦にすることを主張した。担任教師が無意識の内に、「(子どもたちに) それじゃあ、閉脚とびをします。こっちは縦のままで、そっちは横にしますから、並べ変えてください。」と言うと、「横にしないほうがいいんじゃないですか、縦のほうが。」と言い、「横にするとだめですね。子どもが、ここ (跳箱の上) から (足を横に上げて) パーッとまわっていったりして。水泳のときなども、好きな方向へ泳がせると絶対進歩しないんです。前へ前へと泳がせないと伸びない。横にしちゃうと、もうのびないんです。」と言って、譲らないのである。斎藤喜博には、『授業』のなかで、「＊⑦　一つの教材をつかって、……高い世界へ上がった子どもたちが、またいきおい込んで学習し、さらに新しい高いものを発見し創造したくなるような、すぐれた高い教材をさがしてくることが必要になる。」と言っている。それは、芸術教育においては、すぐれた高い教材を使わないかぎり、すぐれた授業もできないし、子どもを新しい高い次元に引き上げていくこともできないからと、追求に追求をさせていく授業の原則を述べている。

一人ひとりの跳びかたを見ては、それぞれの子に「助走の仕方」、「息の吐き方」、「とび越しの流れ」、「スタートの仕方」、「リズムのとり方」、「台の叩き方」、「腕の支え方」「お尻の上げ方」、「足の閉じ方」、「バネのつけ方」などについてのめあてを持たせて挑戦させている。さらに、踏切板を離したり、跳箱の段数を上げたりして常に高い目標を持たせていた。前述の腕自慢の子に対しても、ただ跳べたということだけで終わらないで、〈大変汚いですね。とび越しいいですよ。とび越しは大変いい力を持ってるんだけども、身体がバラバラニなってしまっていて、一つにならないわけだ。一つになれば（走ってみせながら）ポーンポーンポーンポーン……。手なんか振らなくてもいいんです。（早く）ポンポンポンポン……。（さらに速く小刻みにポンポンポンポン……。こういうふうにね。手は手。足は足と別々になってるんではないんです。人間の五体を美しく自由にしていく、そういう練習をしないとだめだね。はい、次の人。〉と、指導しているが、これは跳べて満足するのでなく、新たな目標を与えてやり、一層、高い課題に挑戦していけるような手立てをしているのである。

5、子どもと先生の共同追求

斎藤喜博は、「⑮ その授業が、一つの芸術作品、芸術行動と同じものになっているということである。子どもと先生が、一つの対象に向かって全力を打ちこんで追求しているということである。」と言っている。ここの授業でも、伴走してリズムをつけることをして、子どもと先生が一体となって取り組んでいる。

教師 （次の子にも伴走しながら）はい、つめていって！ホイッ！……（開脚でとび越してしまう。）これで流れをつくってやるんですね。何十回とやるんですよ。一緒に駆けるんです。

（子どもたち、順番に助走してくる。斎藤先生、その一人一人に、次のように声をかけてやる。）

教師 はい、つめて！……みんな足を開いちゃうね。がんばりすぎ。まだ要求が高すぎるのでしょう。

教師 はい、足をそろえてくださいよ。……はい、きれいだ。

この場面から、子どもと先生が流れのある跳び方を求めて、「何十回とやるんですよ。」「一緒に駆けるんです。」と、芸術行動をし芸術作品を創り上げているようすがうかがわ

れる。そしてその作品は、その授業が終わると同時に消えてしまうもので、「はかないもの」と斎藤喜博は言うのである。

斎藤喜博は、昭和四十九年に写真集『いのち、この美しきもの』のなかで授業の芸術性について次のように語っている。[19]

〈教師と子どもとが力を合わせて追求し探求していき、それぞれの持っている力を出し合い、全体のなかにより正しいものとかより美しいものとかをつくり出すことによって、その中にいる一人一人を花の咲いたように美しいものにしていく仕事だからである。そういう美しく完璧なものを、そのときどきに一人一人や全体の中につくり出しては、それを惜しげもなく消して、さらにつぎの新しい、美しい完璧なものをつくり出していく、創造的で芸術的とも云える仕事だからである。…（中略）私は教育という仕事を、そのように瞬間瞬間に美しいものをつくり出していく芸術的な仕事なのだと考えている。〉

このように、斎藤喜博の教育芸術論は「子ども作品論」、「はかなさ論」へと変化して行き、最終的には「美学的教育論」へと行き着くことになるのである。

第三節　音楽――「日本古謡『さくら』」の合唱指導に見られる芸術性

斎藤喜博の授業実践記録集『わたしの授業』には、音楽の授業が数多く記録されている。小中高にわたっているが、その領域は合唱指導がほとんどである。（合唱十四事例、音楽劇一事例）教材は「さくら」などの「日本の古謡、民謡、わらべ歌」、「ハレルヤコーラス」のような「西洋音楽の古典」、「一つのこと」のような「斎藤喜博の作詞によるオリジナル曲」である。ここでは、昭和五十一年二月三日に小松市東陵小学校二年生に行った「さくら」の合唱指導の事例[20]を取り上げ、そのなかにある芸術性を見ていきたい。

日本古謡「さくら」

さくら　さくら
野やまも里も　見わたすかぎり
かすみか雲か　朝日ににおう
さくら　さくら　花ざかり

さくら　さくら
やよいの空は　見わたすかぎり
かすみか雲か　匂《にお》いぞ出《い》ずる
いざや　いざや　見にゆかん

斎藤喜博は、合唱指導は国語や体育の指導とはちがって、指導そのものは論理的であるが、あくまでもその目標は豊かな感情を子どもたちの心のなかにつくり出させる「感性」にあることを述べている。その理由として、「合唱指導で、歌詞の意味をびしっと読みとらせるということは論理的な作業であるが、目標はそこにあるのではない。歌詞の意味が明らかに読みとれるとともに子どもたちは、リズムなり旋律なりに、自分たちのつかみとったものをこめて歌うようになるからである。すなわち、理性的な思考を経過したことによって、表現が内面的になり深いものになり、豊かな感情を持つようになるからである。[21]」と言っている。

ここでは、このような音楽教育の「指導」や「目標」をふまえて、斎藤喜博の「日本古謡『さくら』の合唱指導」の芸術性を考察していきたい。

1、歌詞のイメージづくり

「さくら」の合唱指導の最初段階で斎藤喜博は、子どもたちに「歌詞のイメージづくり」をして、歌わせることをしている。

斎藤　さいしょの「さ」だけ出してください。はい。
子ども　〈サ――――〉(五秒)
斎藤　もう一回「さ」だけ。はい。
子ども　〈サ――――〉
斎藤　それをね、桜の花に言いますよ。遠くのほうの桜にしましょう。遠くのほうに桜がきれいにさいてるんだね。そのさくらに「さくらさん、さくらさん」と呼びかけますよ。はい。
子ども　〈サ――――〉
――子どもたちが声を出しているとき、「さあ、とどいたね。向こうの桜にとどきそうだったね」と言う。

斎藤喜博はこの歌の指導にあたって、まず、「さくら」の歌詞のイメージづくりをしている。小学校二年生に合った「それをね、桜の花に言いますよ。遠くのほうの桜にしましょう。遠くのほうに桜がきれいにさいてるんだね。そのさくらに『さくらさん、さくらさん』と呼びかけますよ。はい。」というイメージの持たせかたである。さらに斎藤喜博は、「こんどはもっと遠くへきこえるように歌います。みんなが桜の花をきれいだと思っているのだから、それを遠くにいるみんなにもしらせてやる。その人たちは何百メートルか向こうにいますよ。いまのは五十メートルぐらいだね。何百メートルか向こうの人に話すように、そういう気持で歌ってください。はい。」と、子どもたちをどんどん乗せていっている。子どもたちはその気になって力むが、よく声の出しかたや、リズムのとりかたが不十分なのである。「大へんはった声で歌っているが、力みすぎて、まだ声がからだから離れないし、声が小さい。」という状態であった。ここに指導の方針が立てられ、「発声のしかた」とか「リズムのとりかた」とか「音程のとりかた」の指導に入っていくのである。つまり、『授業入門』の「⑧ すぐれた教師はみんな、子どものつまらないような発言や表情を、のがさずするどくとらえ、それを取り上げ、その子どもが思いもかけないような次元へと、転化してしまい、そのことによって、その子どもを変革させ、また学級のみんなを変革していくものである。」が実行されていくのである。

2、表現力をつける——発声、リズム、音程

よりよい合唱をしていくには、「発声のしかた」とか「リズムのとりかた」とか「音程

のとりかた」が基盤になり、豊かな表現力が必要になってくる。これらに対する斎藤喜博の指導の仕方は、イメージを持たせながら総合的なものであり、呼吸の指導を重視していくものである。

まず、「タンタタ、タンタタ」というリズムで、音程を変化させながら、呼吸のしかたの指導している。

――大へんはった声で歌っているが、力みすぎて、まだ声がからだから離れないし、声が小さい。伴走者のところへ行ってドから「タンタタタンタタ、タンタタタンタタ、タンタタタンタタ、タンタタタンタタ」と四回ずつ弾いてもらう。しばらく練習する。

斎藤　いまのをアでやりますからね。いいですか。はい。

――子どもたち、「アーアア」とできず、「アーアー」になってしまう。斎藤は「タンタタ」と、声を出してやっているができない。

斎藤　「タンタタ、タンタタ」それを「ア」で出しますよ。（教師に）ゆっくり弾いてみてください。はい。

子ども　〈アーアア、アーアア、アーアア、アーアア〉

斎藤　それで四回やったわけね。いまの「ド」をもう一回出しますよ。口を大きくあけてください。のどもあけないとだめです。それから胸をひらいてください。胸をね。おなかもひらきます。いいですか。はい。

子ども　〈アーアア、アーアア、アーアア、アーアア（はい一音上げますよ。はい）アーアア、アーアア、アーアア、アーアア（はい吸って）アーアア、アーアア、アーアア、アーアア（はい吸って）アーアア、アーアア、アーアア、アーアア、アーアア、アーアア（はい吸って）アーアア、アーアア、アーアア、アーアア（ソまでゆく）

発声法の基本として、「口を大きくあけ、のどもあけ、胸をひらき、おなかもひらき」と、具体的に身体の使い方を教え、「タンタタ」のリズムで、音程の指導も、「ド」から「ミ」「ソ」「・ド」（ド↓ミ↓ソ↓・ド）と上げていき、次に、（・ド↓ソ↓ミ↓ド）と下げてくるところまで指導している。呼吸の仕方は、その都度、その時点で指導している。発声のしかた、呼吸のしかた、音程のとりかた、リズムのとりかたの全部を組み込んで指導している。とくに、リズムについては、芸術的教育の観点からも重視しており、『授業』のなかで「＊③　リズムを大切にするということも、授業のなかに創造と発見を創り出すために、忘れてはならないことである。すぐれた授業展開には、必ず生命を持ったリズムがあり、新鮮ないぶきがあり、ドラマ的なものがある。」と言っている。

とくに、高い「・ド」から下がってくるところで、子どもたちはつまずき、うまくでき

ないところの指導は、「イメージ」を持たせて、

斎藤　「・ド」のときに、ポンととび込めないいんです。（ポンととび込む動作をしてみせる）高い・ドを出してください。（ピアノ、音を出す）

子ども　〈アー――〉

斎藤　まだとびつけないいんです。ここへ「・ド」の音はぶらさがっているよ。（天井をさして）あそこに「・ド」の音はあるんだから、あそこへ身体全体で「ポーン」ととびついてください。（からだ全体でとびつく動作をしてみせる）いいですか。はい吸って。はい。

子ども　〈アー――〉

斎藤　こっちの人はとびついたね。こっちの人もとびついてください。はい。

子ども　〈アー――〉

斎藤　はい、いいでしょう。こんどはドミソドと出してください。「ア」で。はい。

子ども　〈アー―アー―アー―アー―〉

斎藤　（教師に）明確でない。ずるずるっといってしまうんですね。こういうところができないわけです。もっとからだでリズムをつくってだしてください。いいですか、はい。

――子ども〈アーーアーーアーー〉

と、小学校二年生には高度な内容でも挑戦させている。これは、斎藤喜博の大事にしている「イメージ」による指導であり、芸術的教育の一側面をなしているのである。『授業』のなかの「＊⑨　芸術教育は知識や常識を教えることではなく、イメージを豊富に咲きみだれさせ、それを感覚として定着させることである。」や、音程の指導のときに陥りやすいところを、小学校の二年生にもわかるようなイメージをもたせながら指導しているのである。つまりは、「＊⑦　一つの教材をつかって、……高い世界へ上がった子どもたちが、またいきおい込んで学習し、さらに新しい高いものを発見し創造したくなるような、すぐれた高い教材をさがしてくることが必要になる。」が実践されている。

第四節　斎藤喜博の授業の芸術性を支えるもの
（イメージづくり、リズムづくり）

斎藤喜博の国語の授業、体育の授業、音楽の授業に一貫して流れるものは、「イメージづくり」と「リズムづくり」であり、それらは互いに絡み合って機能している。

国語の授業では、都留文科大学で「大きな空」の表現をめぐって、学生と斎藤喜博がい

ろいろと議論をする場面があるが、そこのところで、

教師　ははあ。いまのばあいだと（黒板に近づいて）こういうふうにね、〈大きな空〉とこうもっていった（⤵ と板書）〈大きな空〉と、（→ と板書）こうもってきたように聞こえたんだけど、そうでなくてゆっくりという意味だったわけね。あの、こういう読み方もあるわけだけどさ。いまあなたのばあいはこういうふうにちょっと聞こえたわけ。これも一つの読み方ですね。今の人は意識的にはゆっくり読もうとしたってことですね。まだありますか、その「大きな空」のところ。……

――学生たち考えている。

教師　「大きな空」でもこういうのもありますよ。〈おーおきな空に〉、〈おーおきな空に〉（ゆったりと強調）と空に全部イメージをつくっていって、自分の身体で〈おーおきな空に／小ちゃいからだを／ぴょっくり浮かして〉と、これだと少しリズミカルになってくる。〈おーきな空に／小ちゃいからだを／ぴょっくり浮かして〉ともってくるやり方もある。（この時の動作。〈おーきな空に〉では両腕のヒジを軽く折って、胸をうんと広げ、空を仰ぐような感じになり、〈小ちゃいからだを〉で両手を胸のところで何か大事なものをつかむようにあわせ、身体を小さくすぼめて少し前かがみになる。そして〈ぴょっくり浮かして〉で両手をそのままの形で前へ差し出すようにし

てひざを伸ばす）だからみなさんの、こういう読み方のばあいでも、こういう読み方でも、こういう読み方でも、（以上、板書を示しながら）いまの私が読んだ読み方でもいいから、少し表情をつけて、いろいろ身体でやってみてください。その場所で少し自分の身体をつかって。

――学生たち、その場で小さな表情をつけてやってみる。

と、斎藤喜博が説明しているが、これは、この詩にある「リズム」を身体の表現を通して学生たちに「イメージ」づけようとしているのである。

体育の授業では、「助走―踏切り―とび越し」の流れの指導で、

――とび越しはきれいだったんですけどね。皆さん見ていてわかる？　スタートのとき力を入れて（身体を固くして身構えてみせる。こうやってる。それで助走のときになったら（息を）はいちゃってる。（やってみせる。子どもたちにこにこする）反対になるわけ。スタートのときにはやわらかく息を吸い込んで、身体の力をみんなぬいちゃってフワーッとしている。（弾むように流れるように、だんだん加速して走ってみせながら）トントントントントントントン、ポーン。こういうようにやる。……

と指導しているが、ここにも助走――踏切り――とび越しの「リズム」を「トントントントントントン、ポーン。」と「イメージ」化して子どもたちに説明しているのである。
音楽の指導でも、「さくら」の合唱指導の最初段階で斎藤喜博は、子どもたちに「歌詞のイメージづくり」をして歌わせることをしている。

斎藤　さいしょの「さ」だけ出してください。はい。
子ども　〈サ――――〉（五秒）
斎藤　もう一回「さ」だけ。はい。
子ども　〈サ――――〉
斎藤　それをね、桜の花に言いますよ。遠くのほうの桜にしましょう。遠くのほうに桜がきれいにさいてるんだね。そのさくらに「さくらさん、さくらさん」と呼びかけますよ。はい。
子ども　〈サ――――〉
――子どもたちが声を出しているとき、「さあ、とどいたね。向こうの桜にとどきそうだったね」と言う。

というように、「さくら」の歌詞のイメージづくりをして始めているのである。

また、音程の指導の段階でも、（ド↓ミ↓ソ↓・ド）と上げていき、次に、（・ド↓ソ↓ミ↓ド）と下げてくるところで、子どもたが「・ド」の音をうまく出せないでいるときに、

斎藤　「・ド」のときに、ポンととび込めないいんです。（ポンととび込む動作をしてみせる）高い・ドを出してください。（ピアノ、音を出す）

子ども　〈アーーー〉

斎藤　まだとびつけないいんです。ここへ「・ド」の音はぶらさがっているよ。（天井をさして）あそこに「・ド」の音はあるんだから、あそこへ身体全体で「ポーン」ととびついてください。（からだ全体でとびつく動作をしてみせる）いいですか。はい吸って。はい。

と指導している。ここにも、斎藤喜博はこの「・ド」の音の出しかたを「イメージ」化し、（ド↓ミ↓ソ↓・ド↓ソ↓ミ↓ド）のリズムづくりをしているのである。

このように、斎藤喜博の授業では「イメージづくり」を頻繁に行っているが、それはその場での思いつきによる偶然的なものではない。斎藤喜博は、『授業の可能性』のなかで、「授業での教師の子どもへの手入れとか働きかけとかは、教師が教材への解釈を持ちイメージを持ち、また子どもの可能性へのイメージを持ち、現実の子どもの事実を確かにとら

えていることによって可能になるものである。そういう教師の教材への解釈やイメージと、子どもの可能性へのねがいと、子どもの現実との三つの関係のなかから、授業のそのときどきに必然的に生まれたり、つくり出されたりしていくものである。[22]」と言っている。

さらに斎藤喜博の芸術的教育の根底に横たわる根本概念は「生命あるリズム」というものである。斎藤喜博は、『授業』のなかで、「＊③　リズムを大切にするということも、授業のなかに創造と発見を創り出すために、忘れてはならないことである。すぐれた授業展開には、必ず生命を持ったリズムがあり、新鮮ないぶきがあり、ドラマ的なものがある。」と言っている。『教育学のすすめ』でも「すぐれた授業は、一時間の授業の流れのなかにかならずリズムがあり旋律があり、音色のようなものがある。また、衝突・葛藤の結果として生まれる発見がある。授業者である教師は、そういうリズムがあり旋律があり、音色があり、衝突・葛藤・発見が起こるような授業をつくり出すことにつとめなければならない。[23]」と言っている。リズムとか旋律とか音色とかは、授業者である教師が子どもといっしょにつくり出していくものだと言い、それは教師の説明の仕方とか発問の仕方によって起こるが、もっとも大きく影響するものは衝突・葛藤であるというのである。

都留文科大で行った坂本遼の「春」の授業での、「大きな空」の表現について斎藤喜博は学生にいろいろと自分の身体を使ってやらせるところがあるが、この場面などは、担当の箱石先生も登場したりして、一つの盛りあがりがみられ、授業全体の流れのなかでも高揚したリズムを刻めたのではないかと思うのである。
シュタイナーは、人智学の知見に基づき人間の発達段階を七年周期で考えており、特に第二・七年期（七歳～十四歳）は魂のなかの感情活動が活発になる時期であり、その時期の子どもには、芸術的な授業を行われなければならないと言っている。イメージづくりを重視した「フォルメン」活動、リズム感を大事にした「オイリュトミー」活動など、斎藤喜博の芸術的教育とはかなり共通性があるのである。

注
（1）斎藤喜博『第Ⅱ期斎藤喜博全集4「わたしの授業　第一集」』国土社、一九八三年、七頁
（2）斎藤喜博『第Ⅱ期斎藤喜博全集4「わたしの授業　第一集」』国土社、一九八三年、一一頁
（3）斎藤喜博『第Ⅱ期斎藤喜博全集4「わたしの授業　第一集」』国土社、一九八三年、一二頁
（4）斎藤喜博『第Ⅱ期斎藤喜博全集4「わたしの授業　第一集」』国土社、一九八三年、一五～一七頁
（5）斎藤喜博『第Ⅱ期斎藤喜博全集4「わたしの授業　第一集」』国土社、一九八三年、八七～一一九頁
（6）斎藤喜博『第Ⅱ期斎藤喜博全集4「わたしの授業　第一集」』国土社、一九八三年、一二〇～一四三頁
（7）斎藤喜博『第Ⅱ期斎藤喜博全集5「わたしの授業　第三集」』国土社、一九八三年、二九～

四七頁
（8）斎藤喜博『第Ⅱ期斎藤喜博全集5「わたしの授業　第三集」』国土社、一九八三年、四八〜二八六頁
（9）斎藤喜博『第Ⅱ期斎藤喜博全集5「わたしの授業　第三集」』国土社、一九八三年、三六四〜四〇〇頁
（10）雑誌「事実と創造」（一莖書房、一九九一年、一一六巻、一二一巻）
（11）雑誌「事実と創造」（一莖書房、一九九一年、一一六巻、六頁）
（12）雑誌「事実と創造」（一莖書房、一九九一年、一二一巻、七頁）
（13）リンデンベルグ著、新田義之、新田貴代訳『自由ヴァルドルフ学校』明治図書、一九七七年、一七一頁
（14）斎藤喜博『第Ⅱ期斎藤喜博全集4「わたしの授業　第二集」』国土社、一九八三年、一二二一〜一二三二頁
（15）斎藤喜博『第Ⅱ期斎藤喜博全集1「授業の可能性」』国土社、一九八三年、三七一頁
（16）斎藤喜博『第Ⅱ期斎藤喜博全集1「授業の可能性」』国土社、一九八三年、三七二〜三七三頁
（17）斎藤喜博『第Ⅱ期斎藤喜博全集1「授業の可能性」』国土社、一九八三年、三六三頁
（18）斎藤喜博『第Ⅱ期斎藤喜博全集1「授業の可能性」』国土社、一九八三年、三五七頁
（19）斎藤喜博『第Ⅱ期斎藤喜博全集2「授業をつくる仕事」』国土社、一九八四年、二一〇頁
（20）斎藤喜博『第Ⅱ期斎藤喜博全集6「わたしの授業　第五集」』国土社、一九八三年、二一〇〜二一九頁
（21）斎藤喜博『斎藤喜博全集8「一つの教師論」』国土社、一九七〇年、九九頁

(22) 斎藤喜博『第Ⅱ期斎藤喜博全集1「授業の可能性」』国土社、三九一頁

(23) 斎藤喜博『斎藤喜博全集6「教育学のすすめ」』国土社、一九七〇年、三二八～三二九頁

(注)『私の授業』第一集～第五集、一莖書房刊

第四章

斎藤喜博と世阿弥とシュタイナー

これまで見てきたように、斎藤喜博が「芸術的教育」の授業実践をするにあたって特に大事にしてきたものは、「みえるということ」、「自由であること」、「イメージをもつこと」、「リズムがあること」などであった。ここでは、これらの芸術的諸相が「世阿弥の芸術論」や「シュタイナーの芸術論」とどのように関連しているかを考察して、斎藤喜博の芸術的教育の特徴を一層浮き彫りにしていきたい。

第一節　みえるということ

斎藤喜博は、『教育学のすすめ』のなかで「教育とか授業とかにおいては、『みえる』ということは、ある意味では『すべてだ』といってもよいくらいである。それは、『みえる』ということは、教師としての経験と理論の蓄積された結果の力だからである。一人ひとりの子どもの反応を深くみつめ、それに対応することのできる教師としての基本的能力だからである。(1)」と言っている。斎藤喜博の授業のなかでは、随所で子どものちょっとした変化を敏感にとらえて対応している。

国語の「坂本遼『春』」の授業は小学生、中学生、大学生に行っているので、子どもの捉え方と対応の仕方のちがいがよく現れている。第三章の「2、コミュニケーションと論理的思考」で取りあげた事例のなかでも、適切な対応の仕方が見られる。

小学二年生には、「はい、とてもいいね。じゃあね。今度はどんなことがこのなかに書いてあったか、言ってもらいましょう。」と内容理解に入る。「うーん、わかんないな……」に対して、即座に「あしたは遠足で、海のほうへバスに乗って行きます。……そういうことが書いてあったか？」などと、突飛な発問をしている。子どもの消極的な姿勢に刺激を与えているのである。

中学三年生の授業では、〈里の方で牛がないたら／じっとひびきに耳をかたむけているやろで〉の場面に入り、生徒たちに「そのつぎにこんどは何をきいているのでした？」と発問するが、生徒たちからは、「牛。」という反応しかなかった。そこで斎藤喜博は、口数の少ない中学生ということを意識して、「ないたら」の解釈を深めさせるために、「牛が鳴いたら、そしたら」ですか、「ないたなら」「ないたならば」……「そしたら」ですねと進めていき、ここの場面を一層深めるために、Aで牛が「モーオー」と鳴き出し、ここBで鳴き終わった。（板書）A B そのときに「じっと耳をかたむけたのか」それとも、「モーオー」と鳴き終わり、よいんがきこえているときに（板書C）C D 耳をかたむけたのか、それともよいんもきこえなくなったDのとき耳をかたむけたのか、このABCDのうち、どこで耳をかたむけたんだろうと思いますか？　と、生徒たちに具体的に考える手がかりを与えて進めていった。この場面は、子どもがあまりにも漠然としたイメージしか持っていない状況を察知して、すぐに、教師が対応しているのである。

大学生には、「鍬にもたれ」るおかんの気持ちについて、いろいろ出させ、「はっきりとはわからないが、ただ春になるともの悲しいということですね」と言って、すかさず大伴家持の「うらうらに照れる春日にひばりあがり／心かなしも一人し思へば」の和歌を紹介して、一層、おかんの複雑な気持ちをわからせている。

体育の「腕立て閉脚とび」の授業では、ドタドタと走ってきてとび越す子に、「とび越しはきれいだったんだけどね。みなさん見ていてわかる？ スタートのとき力を入れてこうやっている。そこで助走のときになったら（息を）吐いちゃってる。反対になるわけ。スタートのときには柔らかく息を吸い込んで、身体の力をみんな抜いちゃってフワーッとしている。」と見抜いて、「トントントントントントン、ポーン。」というリズムをイメージ化している。「よーし、よーし、きれいだ！……今のは流れがあったね。はい」とか、次の人に、「……はい、いいでしょう。助走をもう少し柔らかくしてね。」とか、とび切れずに台上に乗る人には「惜しかったね。今の人は、足がね、外を向いてるの。」と一人一人の演技を見ぬき、適切な指導をしているのである。

音楽の日本古謡「さくら」の合唱指導のなかで、音程の指導をする場面で、「ド」から「ミ」「ソ」「・ド」（ド→ミ→ソ→・ド）と上げていき、次に、（・ド→ソ→ミ→ド）と下げてくる指導をした。ところが、高い「・ド」から下がってくるところで、子どもたちがつまずき、うまくできないところを見抜いた斎藤喜博は、イメージを持たせながら、「ここへ『・ド』の音はぶらさがっているよ。（天井をさして）あそこに『・ド』の音はあるんだから、あそこへ身体全体で『ポーン』ととびついてください。」と即座に指導するのである。

これらの事例は、皆、子ども一人ひとりの反応を的確に見抜いて、即座にそれぞれの子どもたちへの指導を行っている。つまり、子ども一人ひとりの反応がよくみえているために、適切な指導が可能になっている。

このような教師としての勘とか直観力について斎藤喜博は、東野英治郎の『私の俳優修業』から引用して、教師も俳優と同じような敏感な神経が必要であると書いている。

〈間一髪、それこそ千分の一秒というような感じの間で次の演技（芝居）が飛躍しなければならないというような場合もあるし、その都度の芝居全体の必要から割り出されるものなのだが俳優は、その瞬間にいちいち計算して演技するような、ぶざまな幼稚なことでは、間を殺すだけである。動物の本能的な、しかも敏感で的確な昆虫のあの触覚をもつようにならないと決してよい表現はできない。それだけ対応する敏感さを身につけていなければならない。自分自身をそこまで訓練しなければ本当の俳優とは言えないだろう。感度のにぶい俳優は必ずと言ってよいほど間取りが下手である。〉(2)

と東野英治郎の俳優としての感性を引き合いに出して、授業においてもまったくそのとおりであると言っている。

「その瞬間にいちいち計算して」いたのでは、時々刻々移り変わっていく子どもたちの事実をつかみとったり、それと対応していったりすることなどできないというのである。敏感な神経を持ち、勘とか直感力とかを持ち、その力を駆使していかないかぎりどうにもならないし、そのときどきに生まれる子どもの美しいものとかみにくいものとかをみぬき、とっさにそれをつかって授業を展開していかなくてはならないことであると言うのである。

同じようなことは、世阿弥も『花鏡』のなかで「時節感当」という言葉を用いて述べている。これは観客の期待しているときに、その機をとらえて事にあたるという意味である。

〈申楽の当座に出て、さし事・一声を出すに、其時分の際《きは》にあるべし。早きも悪し。遅きも悪かるべし。先、楽屋より出て、橋がかり［に］歩み止まりて、諸方をうかがひて、「すは声を出すよ」と、諸人一同に待ち受くるすなはちに、声を出すべし。是、諸人の心を受けて声を出だす、時節感当也。この時節少しも過ぐれば、又諸人之心ゆるくなりて、後に物を伝出せば、万人の感に当たらず。此時節は、ただ見物の人の機にあり。人の機にある時節と者、為手の感より見する際なり。是、万人の見心を為手ひとりの眼精へ引き入るる際也。当日一の大事の際也。(3)〉

観客の期待し張りつめた感情と演者の「さし事・一声」とがぴったり合う、この呼吸が大切であるというのである。このタイミングにちょっとでも遅れると、観客の心はゆるんでしまう。この「機」について世阿弥は、「是、万人の見心を為手ひとりの眼精へ引き入るる際也」と言っており、観客の張りつめて見つめた気持ちを演者ひとりの眼の光、眼の力のなかに引き入れてしまう瞬間であると言うのである。斎藤喜博が授業展開において、「子どもたちの事実をつかみとったり、それと対応していく」ということも、まったくこの「機」をとらえることと一致する。

さらに、斎藤喜博は東野英治郎の『私の俳優修業』から次のような部分を引用して、「みえる」とか「みぬく」ということの意味について述べている。

〈相手の一呼吸、一呼吸に、また自分が動くときに、自分の一挙手一投足に小さな微風のうごきを、ときにはまたハッと思うような深淵を、自分と相手との心持ちの通いを、それがあたかも自然に或は突然に湧いて出てきたような感慨のなかに浸ることなしには俳優は自由でもなければ愉しくもない。……（中略）

どんな感情も目や顔だけに現れるものではない。手や指の先にも胸にも脚にも、大小にかかわらず現れるものである。とここまで書いてきてそれだけではまだまだ不充分のように思えてきた。皮膚や肉体で感じとったりするということは間違いでないにせよ不充分ではないかと。ではなんだということになるわけだが、背骨でものを感じ背骨で反応しなければならないんじゃないかと思われてきた。肉をはぎ取ってしまってその奥の骨のほうでの感じ方でないと簡潔な単純化した表現にならないような気がする。肉で感じている間はまだまだよけいなものが付着しているように思えてならない。どうしても骨で、つまり背骨で反応しないと本物ではないような気がするのである。背骨だなんてことを言ってお前にわかるのかと言われるとまことに困るのだが、兎に角私はそういう気がするのである。(4)〉

斎藤喜博は、すぐれた授業も東野英治郎の言う「自分と相手との心持ちの通い」があり、「突然に湧いて出てきたような感慨のなかに浸る」ことのできるものであるというのである。教師は、そういう「自由」な豊かな授業をつくり出さなければならないものであり、そういう授業は、教師にすぐれた教育的感覚があり、事実を鋭く見抜く力があり、事実に反応し対応する力があってはじめてできるのであるというのである。また、「皮膚や肉体で感じとったり」、「背骨でものを感じ背骨で反応する」ということについては、「みえる」ということは、こういう感覚があってはじめてできることであり、事実がとっさに的確にみえ、事実の底にあるものまでとっさに見抜くことができるようになるのであると言うのである。

このように、東野英治郎や斎藤喜博の突き詰めた境地を見るとき、どうしても能楽の芸術論を大成させた世阿弥と比較しなければならない。東野英治郎が『花伝書』、『花鏡』、『至花道』を読んでいたかどうかはわからないが、世阿弥の『花鏡』のなかの「離見の見」の境地、『至花道』のなかの「骨・肉・皮風の芸劫」の境地と全く同じ境地を追求している。

世阿弥は『花鏡』のなかで、

〈又、舞に、目前心後といふことあり。「目を前に見て、心を後に置け」となり。是は、以前申しつる舞智風体の用心也。見所より見る所の風姿は、我が離見也。しかれば、我が眼の見る所は、我見也。離見の見にはあらず。離見の見にて見る所は、則、見所同心の見なり。其時は、我姿を見得する也。我姿を見得すれば、左右前後を見るなり。しかれ共、目前左右までをば見れども、後姿をばいまだ知らぬか。後姿を覚えねば、姿の俗なる所を「わきまへず」。さるほどの、離見の見にて、見所同見と成て、不及目の身所まで見智して、五体相応の幽姿をなすべし。是則、「心を後に置く」にてあらずや。返々、離見の見を能々見得して、眼まなこを見ぬ所を覚えて、左右前後を分明に安見せよ。定て

花姿玉得の幽舞に至らん事、目前之証見なるべし。(5)〉

この文章の口語訳を西平直氏の『世阿弥の稽古哲学』(6)の解説を参考につけると、

〈また舞には「目前心後《もくぜんしんご》」ということがある。「目は前を見て、心は後ろに置くようにせよ」ということである。これは以前に申した「舞智《ぶち》」という芸風の大切な心遣いである。観客席から観客のまなざしに映る演者の姿が「わが離見《りけん》」である。ところで、我の目(演者の目)で見るのが「我見《がけん》」であり、「離見の見《りけんのけん》」(観客のまなざし)でみることではないのである。「離見の見《りけんのけん》」(観客のまなざし)でみることができたとき、演者は観客と同じ心になり、観客と一体になり、それを「見所同心の見《けんじょどうしんのけん》」というのである。その「見《けん》」で見ることができたとき、演者は自らの姿を正しく見届けることができるのである。わが姿を「見得《けんとく》」すれば、左右・前後を見ることができる。しかしながら、前後・左右を見ることができても、後姿を見ることはできないのである。後姿を感じとることができなければ、自らの姿の、いまだ洗練されざる所に気が付かないのである。そこで、「離見の見《りけんのけん》」をもって、観客と同じ眼で自分自身の姿を見つめ、肉眼の届かぬ後姿まで見抜いて、身体全体の調和した優美な姿を保つようにしなければならない。これが「心を後ろに置く」ということである。重ね重ね、「離見の見《りけんのけん》」を十分に「見得《けんとく》」して、眼はあらゆる対象を見るが、眼それ自体をみることはできないことを自覚しつつ、左右前後をくまなく見なさい。かならずや、そのように自分自身の姿が見えてくれば、玉や花のような優美な舞に至ることは間違いないのである。〉

となる。

もちろん、世阿弥のこの言葉は能楽についての心得であるが、斎藤喜博の授業論とかなり共通する内容が言われている。

この世阿弥の能楽論では、演者の目で見る「我見《がけん》」ばかりでなく、演者が観客のまなざしでみる「離見《りけん》の見《けん》」でみることができたとき、演者は観客と同じ心になり、観客と一体になり、それを「見所同心《けんじょどうしん》の見《けん》」と言っている。そして、そのように自分自身の姿が見えてくれば、玉や花のような優美な舞に至ることは間違いないと言うのである。

斎藤喜博は東野英治郎氏の演劇論を引用して、すぐれた授業は、「自分と相手との心持ちの通い」を持ち、「突然に湧いて出てきたような感慨のなかに浸る」ことのできるものであると言い、教師と子どもとが一体となっていることを言っている。そしてそれには、「教師にすぐれた教育的感覚があり、事実を鋭く見抜く力があり、事実に反応し対応する力があってはじめてできるのである。」と言っている。

つまり、斎藤喜博は、「すぐれた授業」を可能にするものは「事実を鋭く見抜く力」と言い、世阿弥は、「優美な舞」を可能にするものは「離見《りけん》の見《けん》」というのである。まったく同じ発想なのである。

さらに、斎藤喜博は、東野英治郎氏の演劇論を引用して、「皮膚や肉体で感じとり「背骨でものを感じ背骨で反応する」というような感覚を持つことで、事実がとっさに的確にみえ、事実の底にあるものまでとっさに見抜くことができるようになるのであると言っている。これは、これまでの視覚だけでなく「からだ」全体で感じとる感覚の境地に至っている状態で、「体性感覚」とか「体感」とか「共感覚」と呼ばれている。前述の「我姿を見得する也」という言葉は、そうした「体性感覚」に気がつくことであると西平氏は『世阿弥の稽古哲学』に述べている。(7)

世阿弥は『至花道』のなかで、

〈……即座の風体は、ただ面白きのみにて、見所も妙見に亡じて、さて後心に安見する時、なにと見るも弱き所のなきは骨風の芸劫の感、なにと見るも事の尽きぬは肉風の芸劫の感、なにと見るも幽玄なるは皮風の芸劫の感にて、離見の見に現はるる所を思ひ合はせて、皮・肉・骨そろひたる為手なるけるとや申べき。(8)〉

とある。大意を取るならば、

〈演能の場で見ているときは、ただ見事としか言いようがなく芸にうっとりするのみであり、さらに後から味わい返して見て不足を感じることがないのは「骨風」ゆえの感動であり、味わいが尽きないのは「肉風」ゆえの感動であり、幽玄を感じるのは「皮風」ゆえの感動である。「即座の感動」に重ね合わせてみて（「離見の見に現はる所を思ひ合はせて」）、はじめて、骨肉皮の揃った役者と言うことができる。〉

となるが、ここの解釈について西平氏は、次のように言っている。

〈「離見の見」は、まず観客の「見」である。演者の「見」ではない。『花鏡』の用例が演者の「見」であったのとは対照的に、ここでは観客の「見」が語られる。さらにこの「離」は時間的な「後」である。「即座（その時・その場）から離れた後に、「後心に安見するとき（後から振り返ってみる）」と同義である。『花鏡』の用例が（空間軸における）演者と観客との関係であったのに対して、『至花道』の用例は（時間軸における）回想である。観客が、舞台を見た後しばらくしてから、しみじみと思い起こすときの「見」。それが「離見の見」という言葉で語られる。(9)〉

『至花道』の「骨肉皮」の風体の「骨」は生得の素質、「肉」は稽古によって身に付けた力量、「皮」は至上の芸風における優雅な美を現している。東野英治郎が体性感覚として用いた「骨肉皮」とはやや赴きを異にするが、東野英治郎や斎藤喜博の到達した境地は正に「骨肉皮」の芸劫なのである。世阿弥の『至花道』で求めた「骨風」「肉風」「皮風」の揃った役者の演技と同じように、東野英治郎の演技や斎藤喜博の授業は、舞台を後にした観客や授業を終えた子どもたちに、しばらくしてからもしみじみと思い起こさせるものがあったのであろう。

第二節　自由であるということ

これまで見てきたように、斎藤喜博の教育には芸術的教育という教育思想が根底にあるが、全く違った環境で生きてきた「ルドルフ・シュタイナー」という人の教育観・教育法ともかなりの部分で重なり合っている。この点について、シュタイナーの『教育の基礎となる一般人間学』の邦訳を手がけた新田義之氏は、同書のあとがきに次のような一文を載せている。(10)

〈この本は教育実践のためのテキストであり、人間理解の指導書であり、宇宙論的認識への導きであり、神秘思想と社会活動の内的な繋がりを解明する手がかりを与えるものでもある。ただ「ここに描かれているような実践が、事実として存在し得るのだろうか」という問いを発する人は、今もって少なくないようである。しかし私はこの問いに接すると、シュタイナーを全く知ることのなかった斎藤喜博先生が、すでに昭和二十年代の末ごろから群馬県の小学校で、その基本的な姿勢において全くヴァルドルフ教育法と異なるところのない実践を行っておられたことを知ったときの驚きと感激を、まざまざと思い出す。先生は妻と私がドイツで体験したヴァルドルフ学校教育実践の意味を、殆ど直観的に理解された。それは先生が生涯を通じて実践された教育活動の中身と、すこしも矛盾するところの無いものだったからである。先生は芸術的であったが、神秘思想とは全く無縁の人だった。すなわち、真実を探求する人の間には、認識にいたる手段や方法を超越して、本質的な理解が成り立つのであろう。この書を私が改めて世に送ろうとする真意も、まさにこの点にあることを受け取っていただきたい。〉

教育での「自由であるということ」は、斎藤喜博もシュタイナーも共に求めていったものである。公立学校の一校長であった斎藤喜博と、自分の目標達成をめざして「自由ヴァルドルフ学校」を開設したシュタイナーとでは、その立場には大きな違いはあったが、教育実践において大事にしたことは、「自由である」ということであった。

斎藤喜博の場合は、第一章の「斎藤喜博の芸術的教育観の形成」でも述べたように、「子ども本来の生き生きとした姿」にしていくためには、自由な精神を持ち、芸術活動や創造活動をしていくことが必要であると考えた。まず、教師に自由な意識を持たせるために、形式的な事務や会合を切り捨てて、その代わりに出来た時間を職員室で話し合ったり、職員運動や職員合唱をしたり、校長のことを「校長先生」と呼ばないで、「斎藤さん」と呼んでもらったり権威的なものを取り去っていった。また、授業のなかでも「○○ちゃん式まちがい」とか「想像説明」など、子どもたちが自由に発言できる工夫もしていった。

つまり斎藤喜博は、抑圧からの解放によって得られた教師や子どもや親たちの自由な精神を、学校教育の中核をなす「授業」の場面に向けさせたのである。そして、第一回の公開研究会は「解放と創造」というテーマで開催している。このころの斎藤喜博は、「私は、授業というものを、狭い教育界の水準で考えるということをしていない。もっと他の広い世界、すなわち、芸術とか科学とかの、他の広い世界の水準とくらべて授業というものを考えたいと思っている。」と言い、より高く深い創造的な授業を芸術的・科学的な発想に求めているのである。そしてその授業について、「高いもの正しいものをもっている教師と子ども、子どもと子どもとが、一時間の授業のなかで、教材を対象にしながら、それぞれの思考を出し合い、それを激しくぶっつけ合いながら、相互の思考の影響のし合いのなかで、教師をふくめた学級全体が、また一人ひとりが、つぎつぎと新しい世界へとはいっていくようなものでなければならない。」と考え、創造のない、たんなるくりかえしの授業では、子どもも教師もよくならないと言っている。

そしてその授業を通して、子どもも教師も、それぞれがいままで持っていたものとは異質の、新しい高いものを発見し、その世界へとはいっていくことができるというのである。つまり、授業はこのように、そのときどきに子どもや教師を変革させていく力があると言っているのである。（第一章　P.32～33）

一方、シュタイナーの場合は、「その時代の教育への批判」から出発している。その一つは、「国家の学校支配への批判」である。シュタイナーの社会観によれば、人間の社会は本来、国家的領域、精神的領域、経済的領域の三つの領域からなっており、それぞれは有機的に結びつきつつ、しかも独立していなければならないというのである。（「社会有機体の三層化」）教育は、学問、芸術、宗教などと精神的領域に属しているが、国家は、「学校制度を宗教団体から取りあげてしまい、国家が必要としている仕事のために使えるような人間を教育している。」というのである。学校教育はその固有の論理によって行われるべきもので、「自由」は保障されなければならないというのである。シュタイナーはこのようなことから、国家の学校支配への批判を厳しく批判し、「自由」を求めたのである。

二つ目は、「学校への経済界の介入に対する批判」である。シュタイナーは、マルクスと同じような見方をしており、「過去数百年の市民的社会的な社会構造のなかで経済生活が優越的な位置を占めたことによって、精神的生活は著しく経済的生活に従属するようになってしまった」と言い、学校への経済界の介入に対する批判し、「自由」を求めたのである。これの経済生活優位の見方・思想は、さらに「物質主義批判」へと拡大していくのである。「物質主義批判」(11)は、さらに教育との関連から、「過剰な知的教育」および「魂の圧殺」として把握され、批判されていくのである。

特にシュタイナーは、「六、七歳頃から一四歳頃までの子どもの内で最も発達するのは、知的な能力ではなく、感情と意志の能力、ことに感情の能力である」と言い、知的なことに偏重する主知主義について厳しく批判している。そして、授業の中心は感情の能力や意志の能力の育成に置かなくてはならないし、教材は感情や意志に訴えるかたちで取り扱われなくてはならないというのである。もちろん、このことは、知的能力の育成は行わなくてもよいということではなく、感情の能力や意志の能力を育みに力点を置きながら、知的な能力も芽生えさせ、育んでいくということである。ここに、シュタイナーの教育においては、芸術性が重視されていくことになるのである。(12)

テュービンゲンのヴァルドルフ学校の教師であったリンデンベルクは、彼の著書『自由ヴァルドルフ学校』のなかで、「自由と芸術性」について次のように書いている。(13)

〈人間は独断的な思想や、型にはまった思考法や、既成のものの考え方によって、自主的で、しかも自由な思索をすることを、妨げられている。あらゆる場所において私達は、この意味で自由を侵されている。

芸術的でイメージに満ちた授業は、考え方を固定する先入観に立ちむかい独断論に対抗して、人間の中にある創造的な芽を守ろうとする。多種多様な形をとって現れる認識対象に、具体的に、そして先入観にとらわれず対応し、現象そのものの示す美しさや真実性への感動を通して、その本質を表現しようとする。子どもたちは授業のなかでこの作業に参加し、さまざまな思考を経験し、そこから対象の本質にせまる道を見出すことを教師と体験する。……芸術的な行為のなかで、人は自分自身の「行動する自我」を本当に意識するようになる。なぜならあらゆる芸術的な行動、すなわち目的をもった形成と造型の営みとは、自分が作り出したもののなかで自分自身と対面する行為にほかならないからである。〉

と、芸術的な授業にまで高めることにより、「自由への教育」は可能になるというのである。そしてこれは、子どもの教育についてのみに言われることではなく、教師自身にとっても「自己変革」を迫られるものであるというのである。つまり、教師自身も展開される授業のなかで常に「自分自身」と対面しており、自分の存在をさらけ出されるの見ざるを得ないからであるというのである。

自由と芸術性についての斎藤喜博とシュタイナーの考え方は、大変似ており、芸術的な授業により、子どもも教師も共に自己変革していくものであるという結論付けまでも全く同じ発想である。

斎藤喜博の場合は、これまでの慣習や権威主義によって「抑圧されている」子どもや教師から解放することから、芸術的、創造的な教育を始めていったのである。つまり、抑圧からの解放（自由精神）を「土づくり」として、芸術的教育をその上に実現させていったのである。めざした人間像は、「充実した張りのある生活ができる」とか「生きていることが楽しくてならない」とか「自分を大事にする」ということである。

それに対してシュタイナーの場合は、国家権力とか経済的支配とか物質主義とかの社会構造的な抑圧からの「自由への教育」をめざし、そのための手段として「芸術的教育」の実践をしているのである。「自由への教育」とは、勝手気ままに放任するようなことではなく、「人生のなかで自分の方向を自分で決めることを心得ているような人間」をめざしていた。

これは、斎藤喜博とシュタイナーの考えにおいて、「目的」と「手段」とが入れ替わっているようにみえるが、斎藤喜博の「抑圧からの解放をして、芸術的教育の実践」は、あくまでも子どもの変容をねらったもので、芸術的教育が最終の目的ではなかったのである。「短歌芸術―自己変革と創造」（第一章　P.27）でも、「芸術は枠のなかで作るのではなく、きめられた枠とか概念とかをつき破るものである。」と言っており、芸術的行為が自由な考え方をもたらし、自己変革や創造にかかわることは充分承知しているのである。

第三節　イメージをもつということ

第三章、第四節で述べたように斎藤喜博は、国語の授業では、都留文科大学の学生と「大きな空」についての空のメージづくりに身体を動かして行っている。体育の授業では、「助走――踏切り――跳び越し」の流れを「トントントントントントン、ポーン」というような表現をして、とび越しのイメージづくりをしている。音楽の授業では、「さくら」の歌詞のイメージづくりに「遠くのほうのさくらさんに呼びかけましょう」などと指導している。子どもたちは、そのことによってイメージを大きく膨らますことができ、新たな場面からの新たな発想や創造が可能になってくるのである。斎藤喜博は、『授業』のなかで「芸術教育は知識や常識を教えることではなく、イメージを豊富に咲きみだれさせ、それを感覚として定着させることである」[14]とか、教える教師の立場から「授業は教師の豊かな教材解釈とかイメージとかが基本にあったとき、必然的に授業の技術とか方法とかも生まれてくるものである」[15]とか述べており、「イメージづくり」は、斎藤喜博の芸術的授業を支えるものとして、大事な授業実践の一つである。ここでは、シュタイナー学校のなかでも、七歳頃から一四歳頃までの「児童期の教育」で大事にされた「イメージづくり」と比較してみる。

シュタイナーは、人智学の知見に基づき人間の身体・魂・精神は七年周期の三段階の発達をすると考えた。第一の段階は、子どもがこの世に誕生してから七歳頃までの時期で、身体組織や器官が十分発育するという。第二の段階は、歯牙の交代期から十四歳頃までの時期で、魂のなかの感情活動が著しく活発になるという。第三段階は、十四歳頃から二十一歳頃までの時期で、思春期をむかえ、精神の著しい活動が起こり、自我の成長や思考力・知力が発達するという。従って、この三時期にはそれぞれの教育課題がはっきり示されていくというのである。第一の段階の教育課題は、身体の諸機能を十分に健全に働くようにすることであり、第二の段階は、魂のなかの感情を発達させるために、いろいろな芸術体験・芸術的刺激を与えてやることであり、第三段階は、精神に思考力・知力・判断力を作り出してやることであるというのである。(16)

このように、シュタイナーの教育と斎藤喜博の教育を比較してみると、斎藤喜博の実践した芸術的教育は、シュタイナーの第二・七年期の芸術教育の時期と全く一致するのである。シュタイナーは、「……授業は、就学年齢（七歳）の最初から、徹頭徹尾、芸術的な要素に基づいて展開されなくてはなりません」と言い、「……芸術的な授業は、造形芸術および音楽芸術によって最初から学校で行われるべきです」と言っている。しかも、授業を芸術的に展開するとは、カリキュラムのなかに、いわゆる「音楽」とか「図画工作」といった科目を組み入れ、これらを授業として行うことではない。そうでなく、国語、算数、理科、……をはじめとするすべての科目の授業を、絵画・造形あるいは音楽的なものを存分に取り入れて展開することと言うのである。つまり、芸術的な要素を存分に取り入れるということは、例えば、国語の授業を展開していく場合、まず教師が子どもたちの前で、その物語を自ら豊かなイメージをつくりながら、感激の思いをこめてしかもリズムに乗って朗読し、聞かせる。子どもたちは、想像力を働かせてイメージをつくり描きながらじっと聞く。聞き終わった後、子どもたちは、教師の指導によって各自そのイメージを大きなノートにクレヨンで絵にかく。絵にかき終えた後、子どもたちはその絵の側にその物語の内容を文字に移して書いていくというのである。(17)

シュタイナーの「イメージづくり」は、斎藤喜博の「イメージづくり」とかなり共通するところがあるが、シュタイナーの場合は、子どもたちがイメージしたものをクレヨンで絵に描かせ、それを文字化するところまで発展させているのである。いわゆるシュタイナー教育の「フォルメン」という芸術活動になっていくのである。

イメージをもたせることにより、豊かな「感情」を育成していくことについては、シュタイナーが「自由ヴァルドルフ学校」創設に当たって、教師たちに講義した「教授法」のなかに具体的に書かれている。文字を指導するときの事例として取り上げられている。次のように述べている。[18]

……たとえば子どもに向ってこう言ったとします。「魚を見たことがあるね。どんな姿をしていた？　こう描くと（上の図）魚によく似てくるだろう。君たちの見たことのある魚はこの黒板の絵にようだったろう。それでは考えてごらん。君たちはフィッシュ（魚）と発音するね。フィッシュと言う時のそのことばの示しているものがこの絵（上の図）の中に見られるだろう。では今度はフィッシュと全部言わないで、はじめのところだけを言ってごらん」――こういう言い方をして、フィッシュの最初の音を子どもたちに言わせます。――F――f――f――f――です。そして「今フィッシュと言い始めたね。よく見てごらん。昔の人は魚をこうして、次第に単純化していったのだよ」――ここで上のｆの図を示します。「きみたちがフィッシュと言い始め、ただF――f――f――f――とだけ発音する時の発音を文字に記すと、こういう形になる。魚に似ているね。この文字をｆ（エフ）と呼んでいる。いいかい、フィッシュという発音がｆで始まることを学んだね。そしてそれをこのように書くことも

学んだね。フィッシュと書き始める時はいつもF――f――f――と言って息を吐くだろう。これがフィッシュと言い始める時の文字なんだよ。」

これは、シュタイナーが豊かなイメージを持つことにより、「感情」の育成をしていくことを、事例を通して「自由ヴァルドルフ学校」の教師たちに講義したようすである。斎藤喜博が行った国語の「春」の授業のなかでも同じような展開があった。子どもたちみんなが、「峠田」というところでつまずいた。まず、「峠」という文字がなかなか読めず、みんな「何々」と読んでいた。ある子が「とうげ」と読んだことで、やっと、みんな「とうげ」と読めるようになったが、今度はどんなところを表しているかの意味がつかめない。そこで斎藤喜博は、文字のつくりから、「山を上って下る」とか「とうげごえ」とかの例を出して、子どもたちのイメージを膨らませていき、「峠田」の理解につなげていった。このような展開は、シュタイナーがフィッシュのFを、魚の絵からのイメージを膨らませてfにつなげていく展開とよく似ているのである。(19)

第四節　リズムがあるということ

斎藤喜博は『授業』のなかで、「リズムを大切にするということも、授業のなかに創造と発見をつくり出すために、忘れてはならないことである。すぐれた授業展開には、必ず生命を持ったリズムがあり、新鮮ないぶきがあり、ドラマ的なものがある。それは、一人ひとりの論理や思考に、内面的な肉体的リズムやドラマがあるからである。また、教師と子ども、子どもと子どもとの思考や気持の交流のなかに、さらに、教師や子どもと教材との対面の仕方のなかに、リズムやドラマがあるからである。[20]」と、授業には「生命を持ったリズム」がなければならないと言っている。

また、『教育学のすすめ』においては、「すぐれた授業は、一時間の授業の流れのなかにかならずリズムがあり旋律があり、音色のようなものがある。また、衝突・葛藤があり、衝突・葛藤の結果として生まれる発見がある。授業者である教師は、そういうリズムがあり旋律があり、音色があり、衝突・葛藤・発見が起こるような授業をつくり出すことにつとめなければならない。……授業のなかにあるリズムとか旋律とか音色とかは、授業者である教師が子どもといっしょにつくり出していくものである。授業は、教材を媒介にしながら教師と子どもとが一つの目標を突破しようとして追求し格闘していく激しい作業だが、そういう激しい作業のなかから必然的にリズムとか旋律とか音色とかは生まれてくるものである。

したがって、教師の意図や、教師の教材や子どもへの切り込み方が激しく的確であればあるほど、授業でのリズムや旋律や音色は豊かなものになっていくのである。……授業でのリズムとか旋律とか音色とかは、教師の説明の仕方とか発問の仕方とかによって起こる。教師の話し方のリズムとか、子どもへの問いかけや反問の間合いのとり方とか内容とかによって起こるものである。また、教師と子ども、子どもと子どもとの対応交流の仕方によってもすぐれたリズムや旋律や音色が起こったり、その逆のものが起こったりするものである。しかしもっとも大きくリズムや旋律や音色を生み出すのは、授業のなかにつくり出される衝突や葛藤によってである。[21]」と、授業でのリズムや旋律や音色は、教材を媒介とし一つの目標を追求して、教師と子ども、子どもと子どもとの衝突や葛藤のなかで引き起こされるというのである。

斎藤喜博の『わたしの授業』のなかでは、国語の授業で、都留文科大学の学生と斎藤喜博が「大きな空」の表現について身体を使って議論する場面などは、リズムとか旋律とか音色を生み出せたのではないかと思う。体育の授業では、助走――踏切り――とび越しの流れを、トントントントントントン、ポーンと説明し、子どもと一緒に走って飛ばせる場面などは、リズムとか旋律とか音色を生み出せたのではないかと思う。音楽の授業では、音程の練習で、ド↓ミ↓ソ↓・ドと上げていき、反対に・ド↓ソ↓ミ↓ドと下がるとき、なかなか・ドの音がうまく出なく、ポーンととびつく場面などは、リズムとか旋律とか音色を生み出せたのではないかと思う。

一方、シュタイナーの場合は、前述のように「……芸術的な授業は、造形芸術および音楽芸術によって最初から学校で行われるべきです。」と言い、この第二・七年期にはイメージづくりと共にリズムづくりが重視されている。シュタイナーは、人智学的な知見により、この時期には十分に「魂のなかの感情」発達させなければならないと考えているのである。シュタイナー学校の教師であったリンデンベルクは、『自由ヴァルドルフ学校』のなかで、第二・七年期の芸術的教育におけるリズムのある授業ついて、次のように述べている。(22)

〈(一本調子の退屈な授業の様子を述べ)……何より悪いのは、この授業に本当の意味でのリズムがなかったことである。授業のなかで、教師と生徒の間、生徒同士の間に生みだされてくるものを通して、生徒は苦しみと喜び、緊張とその解消、期待と幻滅ないしは充足を体験する。それが本当の授業の意味である。……退屈を生みだす授業は、非芸術的授業の極致である。本当にリズムのある授業には、退屈は生じ得ない。教師は緊張と解放とが交替し、真剣さとユーモアとがバランスを保っている授業作り出さなければならない。生徒達が確かにこれは大切だと思わざるを得ないような発問をしなければならないし、発問に対する答自体が、問題解決への試みでありその階梯であって、試行錯誤を含むことを前提としなければならない。自然科学上の発見と同じように幾つかの過程を通り抜けながら、また迷路に迷いこみながら、正しい答は追求されていく。この過程で生徒達の緊張は高まっていき、集中の密度は濃くなっていく。この息をつめた緊

張が問題解決の喜びへと解き放たれ、大きな安心の吐息にかわる。〉

リンデンベルクは授業のなかのリズム観について、緊張と解放、真剣さとユーモアといった対立的な要素を取り上げており、リズムを単なる同じ拍子の繰り返しというものでなく、機能的な関連が連続していくプロセスと見ているのである。斎藤喜博が「授業でのリズムや旋律や音色は、教材を媒介とし一つの目標を追求して、教師と子ども、子どもと子どもとの衝突や葛藤のなかで引き起こされる」と述べているリズム観と全く同じ発想をしているのである。

［注］

（1）斎藤喜博著『斎藤喜博全集6「教育学のすすめ」』国土社、一九七〇年、四〇五〜四〇六頁
（2）斎藤喜博著『斎藤喜博全集6「教育学のすすめ」』国土社、一九七〇年、四一三頁
（3）表章・加藤周一編『日本思想体系24―「世阿弥・禅竹」』岩波書店、一九七四年、八九頁
（4）斎藤喜博著『斎藤喜博全集6「教育学のすすめ」』国土社、一九七〇年、四一三〜四一四頁
（5）表章・加藤周一編『世阿弥・禅竹――「日本思想体系24」』岩波書店、一九七四年、八八〜八九頁
（6）西平直著『世阿弥の稽古哲学』東京大学出版会、二〇〇九年、一四〇〜一四一頁
（7）西平直著『世阿弥の稽古哲学』東京大学出版会、二〇〇九年、一四八〜一四九頁

(8) 表章・加藤周一編『世阿弥・禅竹――「日本思想体系24」』岩波書店、一一六～一一七頁
(9) 西平直著『世阿弥の稽古哲学』東京大学出版会、二〇〇九年、一五三頁
(10) ルドルフ・シュタイナー著・新田義之訳『教育の基礎となる一般人間学』イザラ書房、二〇〇三年、三一一頁
(11) 広瀬俊雄著『シュタイナーの人間観と教育方法』ミネルヴァ書房、一九八八年、四〇頁
(12) 広瀬俊雄著『シュタイナーの人間観と教育方法』ミネルヴァ書房、一九八八年、四〇～四四頁
(13) リンデンベルク著、新田義之・新田貴代訳『自由ヴァルドルフ学校』明治図書、一九七七年、一七四～一八五頁
(14) 斎藤喜博著『斎藤喜博全集5「授業」』国土社、一九七〇年、三三三頁
(15) 斎藤喜博著『第二期斎藤喜博全集1「授業と教材解釈」』国土社、一九八三年、二一一頁
(16) 広瀬俊雄著『シュタイナーの人間観と教育方法』ミネルヴァ書房、一九八八年、五九～六三頁
(17) 広瀬俊雄著『シュタイナーの人間観と教育方法』ミネルヴァ書房、一九八八年、一六三頁
(18) ルドルフ・シュタイナー著、高橋巌訳『教育芸術1方法論と教授法――ルドルフ・シュタイナー教育講座Ⅱ』筑摩書房、一九八九年、七頁
(19) 本書第三章、九一頁
(20) 斎藤喜博著『斎藤喜博全集5「授業」』国土社、一九七〇年、二三三頁
(21) 斎藤喜博著『斎藤喜博全集6「教育学のすすめ」』国土社、一九七〇年、三二八～三三〇頁
(22) リンデンベルク著、新田義之・新田貴代訳『自由ヴァルドルフ学校』明治図書、一九七七年、

一七〇～一七一頁

あとがき

「そこに教師がいて子どもがいて教育という営みがある」とは、教育の本来の姿を見失わないためにもよく自問自答していた言葉である。三十七年間、公立小中学校の教師をして今思うことは、教師のもつ資質・力量、とりわけ教育観こそ、子どもの教育に大きくかかわるということである。そのようなことから、私は「教師文化」を研究課題としてきた。斎藤喜博の教育に焦点を絞ったのは、彼がわが国の伝統的な学校文化のなかにあり、戦後の民主教育を可能な限り追い求めた稀有で俊英な教育実践家であったということである。混迷する教育の現状のなかで、その場凌ぎの対応策に終始しがちな昨今、教育実践のなかに教育の本質を求め続けていった斎藤喜博の教育から学ぶことは意義あることであろう。斎藤喜博の教育理念の形成と実践化について紐解くことは、私たちに何らかの教育の指針を提供してくれると思う。

斎藤喜博は一体どんな教育観をもって教育実践にあたっていたのだろうか。そう問うならば、その一つは「リアリズム」であり、一つは「ヒューマニズム」であり、一つは「アート」ではないだろうか。そして、これらの諸要素はそれぞれが絡み合っていて、芸術的教育観に集約できるのではないかと私は思っている。この発想に基づき、本書を『斎藤喜博の芸術的教育』と命名した。この斎藤喜博の教育の研究に、私は、青山学院大学の大学院に在学しているときから取り組んでいった。ちょうどその時の指導教官は今井重孝先生で、シュタイナーの教育に関心を持たれており、現地に出向いて研究をされていた。従って、先生の研究室では、斎藤喜博とシュタイナーとの比較研究をよくしていた。副タイトルに「――世阿弥とシュタイナーと喜博――」としたのは、そんな経緯からである。

ルドルフ・シュタイナーの『教育の基礎となる一般人間学』を訳された新田義之氏は、あとがきに、「……シュタイナーを全く知ることのなかった斎藤喜博先生が、すでに昭和二十年代の末ごろから群馬県の小学校で、その基本的な姿勢において全くヴァルドルフ教育法と異なるところのない実践を行っておられたことを知ったときの驚きと感激を、まざまざと思い出す。……」と書かれている。人智学という神秘思想のシュタイナーと芸術性を追求した斎藤喜博は、教育実践の仕方において全く同じ結論に達していたというのである。私も、斎藤喜博自身が行った『わたしの授業』を分析しているなかで新田義之氏と全く同じような感想を持った。斎藤喜博が芸術的授業で大事にしていることとして、私は、「みえるということ」、「自由であること」、「イメージをもつこと」、「リズムがあること」をあげたが、後の三つはシュタイナー教育と全く重なっているのである。ほんとうに、

「真実を探求する人の間には、認識にいたる手段や方法を超越して、本質的な理解が成り立つのであろう。」の感を新たにしているところである。

もう一つは、斎藤喜博の芸術論のことである。斎藤喜博の芸術論を明らかにするために私は、斎藤喜博の大の親友であった上野省策氏と現象学のハイデッカーの考え方を取り上げた。上野氏は画家であり、「軍靴」の絵を描いている。その絵は現在、島小の校長室に飾ってある。ところが、ハイデッカーは、『芸術作品のはじまり』のなかで「ゴッホの百姓靴」の絵を取り上げ、芸術論を述べており、偶然にも上野氏の絵と全く一致していたのである。もちろん、上野氏の「軍靴」の絵は、ハイデッカーが「ゴッホの百姓靴」を取り上げる前に描かれたもので、ハイデッカーの芸術論に共感して制作したものではなかったのである。それが同じ芸術観をもつ島小に同じような絵が掲げられていたのである。島小を訪問しその絵を見たときには、本当に唖然としてしまった。

「みえるということ」については、東野英治郎の『私の俳優修業』から引用して斎藤喜博は、「勘とか直感力」を駆使していくことや、「皮膚・肉・背骨」で感じとり反応する境地を述べている。これは、世阿弥の「離見の見」、「骨・肉・皮膚の芸劫」の境地とよく似ているが、これはまた、現象学的に捉えるならば、フッサールのいう「もしも私がそこにいたならば」いう「自己移入」という考え方と重なってくると思われる。ここにもまた、「真実を探求する人の間には、認識にいたる手段や方法を超越して、本質的な理解が成り立つのであろう。」と、呟いてしまうのである。
とにかく斎藤喜博は、ものの本質を捉える卓越した洞察力をもち、実践化していく教育愛に満ち溢れていたのである。そこには、「美事な教育の営み」があり、「斎藤喜博の芸術的教育」は、その一つの結晶したものなのである。

斎藤喜博先生は、一九一一年三月にこの世に生を受けられ、今年は丁度生誕百年目にあたっている。幸運にもこの節目の年に本書を上梓できることとなった。一茎書房の斎藤草子さんのお力添えのお蔭と心より感謝申し上げたい。

二〇一一年七月

冨　山　恵　二

〈著者紹介〉
冨山恵二（とみやま けいじ）
1944 年、茨城県に生まれる。
1967 年、茨城大学教育学部卒業
1967 年～ 2004 年、公立小中学校教諭、指導主事、教頭、校長
1999 年～ 2002 年、東洋大学大学院文学研究科教育学専攻博士
前期課程修了（教育学修士）
2002 年～ 2008 年、青山学院大学大学院文学研究科教育学専攻
博士後期課程満期退学
2005 年～　現在、中央学院大学非常勤講師（道徳教育）

〈主論文〉
『日本人の同質志向意識の文化論的考察』（東洋大学修士論文）
「斎藤喜博の芸術的教育観の形成」（青山学院大学教育学紀要）
〈著書〉
『はじめて学ぶ教職の基礎』（2006 年、協同出版、共著・道徳教育）
〈現住所〉
〒 306-0632　茨城県坂東市辺田 1144-56

斎藤喜博の芸術的教育——世阿弥とシュタイナーと喜博——

2011年 7 月25日　初版第一刷発行

著 者　冨 山 恵 二
発行者　斎 藤 草 子
発行所　一 茎 書 房
〒 173-0001　東京都板橋区本町 37-1
電話 03-3962-1354
FAX 03-3962-4310

組版／四月社　印刷・製本／新灯印刷
ISBN978-4-87074-177-5　C3337